TOUCH VOCA

터치 보카 중등편

발행일	2017년 12월 1일

지은이	이 주 홍, 박 형 제		
펴낸이	손 형 국		
펴낸곳	(주)북랩		
편집인	선일영	편집	이종무, 권혁신, 오경진, 최예은, 오세은
디자인	이현수, 김민하, 한수희, 김윤주	제작	박기성, 황동현, 구성우
마케팅	김회란, 박진관, 김한결		
출판등록	2004. 12. 1(제2012-000051호)		
주소	서울시 금천구 가산디지털 1로 168, 우림라이온스밸리 B동 B113, 114호		
홈페이지	www.book.co.kr		
전화번호	(02)2026-5777	팩스	(02)2026-5747

ISBN	979-11-5987-867-1 14740(종이책)	979-11-5987-868-8 15740(전자책)
	979-11-5987-864-0 14740(세트)	

(주)북랩 성공출판의 파트너
북랩 홈페이지와 패밀리 사이트에서 다양한 출판 솔루션을 만나 보세요!
홈페이지 book.co.kr · **블로그** blog.naver.com/essaybook · **원고모집** book@book.co.kr

TOUCH VOCA

중등편

터치 보카

듣기만 하면 단어 암기 끝!
듣기평가도 자동해결!

국민 영단어!
터치 보카!

이주홍 · 박형제 지음

(터치펜 별도 판매)

터치펜으로 영어 단어 암기끝!

북랩 book Lab

CONTENTS

Part 01 스팩 「터치 보카」란?   7

1) 「스팩」이란?   8

2) 「터치 보카」란?   8

3) 「터치 보카」 사용법   9

4) 「터치펜」 사용법 및 구입처   10

Part 02 단어   11

Chunk set 01 - 20   13

Chunk set 21 - 40   55

Chunk set 41 - 60   97

Chunk set 61 - 81   139

Part 03   표모음   183

Part 04   불규칙 동사표   187

Part 01

스팩

터치 보카란?

「스팩」이란?

'점수 공장': 'Score Factory'

'S'와 'Fac'을 따와 'SFac'으로 합성한 것.

공장이 좋은 물건을 자동으로 만들어 내듯
'스코어 팩토리'는 좋은 점수를 자동으로 만들어 낸다.

「터치 보카」란?

시험에 빈번히 출제되는 단어들만을 엄선하여, 각종 시험을 완벽히
대비해주는 「터치 보카」는 다음과 같은 장점들이 있다.

❶ 지루하고 힘들었던 단어 공부를 터치 한 번으로 자동 암기
❷ 단어암기를 오히려 어렵게 만들었던 유의어/반의어/파생어/예문
   등을 과감히 삭제하여 단어암기의 효율성 극대화
❸ 자체개발/특허출원 '한글발음표기법'을 사용하여,
   영어 발음에 대한 접근성을 높이고, 학습자의 심적 부담감을 줄임
❹ 반복적으로 영어발음에 노출됨으로써 리스닝이 향상되는 더블 효과

「터치 보카」 사용법

❶ 단어/뜻/발음기호 어느 한 부분을 터치펜으로 터치하면 해당단어의 발음과 뜻이 play된다.

❷ 단어는 한 교재를 선정하여 처음부터 끝까지 빠르게, 한번 끝내주는 것이 중요하다. 일단 말하는 펜으로 암기 부담을 줄여주는 「터치 보카」 공부법으로 책 한 권을 끝내본다. (공부에 대한 자신감 획득)

❸ 다음 단계는 꾸준한 반복으로 단어를 머릿속에 각인시키는 과정이다. 하루 공부할 일정량의 단어수를 선정한 뒤 터치펜으로 꾸준히 복습한다.

❹ 듣기만으로 단어가 암기되는 부담없는 학습법으로, 도중에 포기하는 일 없이 끝까지 책을 끝낼 수 있을 것이다. 이렇게 「터치 보카」를 5회 정도 반복하다 보면, 준비 중인 영어시험의 점수가 비약적으로 향상되는 효과를 얻을 수 있다.

❺ 영어 발음에 대한 접근성을 높이고, 학습자의 심적 부담감을 줄이기 위해 한글발음을 자체 개발하여 발음기호와 병기하였다.

| 한글발음 주의사항 |

❶ 한국어로는 정확히 표현할 수 없는 L/R/F 발음에 대해, L/R 은 가장 유사한 한국어 발음 'ㄹ'에 접목시켜 놓았고, F 발음은 편의상 'ㅃ'로 표기

❷ 강세 있는 발음은 굵은 글자로 표기

[터치펜 사용법]

❶ 「터치펜」의 전원을 켠다.
❷ 「터치펜」의 펜촉이 「터치 보카」와 수직을 이루게 한다.

❸ 그러면 학습내용이 이어폰을 통해 흘러나온다.
❹ 영어 발음에 대한 접근성을 높이고, 학습자의 심적 부담감을 줄이기
위해 한글발음을 자체 개발하여 발음기호와 병기하였다.

[터치펜 구입처]

❶ 「터치 보카」 홈페이지
❷ 「터치 보카」 네이버 스토어팜 (권장)
❸ 「터치 보카」 네이버 카페
❹ 카카오톡문의 : jjjneat (카카오톡 아이디)
❺ 전화문의 : 010-9407-6841

Part 02

단어

Chunk set   21 - 40

Chunk set   41 - 60

Chunk set   61 - 81

Chunk set 01 ▸▸

단어	뜻	발음기호	한글발음
charm	매력, (v.) 매혹하다	tʃɑːrm	촤아암
civil	시민, (adj.) 문명의	sivl	씨블
according	~에 의하면, ~에 따라	əkɔːrdiŋ	어코딩
expect	예상하다	ikspekt	익쓰펙트
value	가치, (v.) (가치 있게) 생각하다, 평가하다	væljuː	밸류우

Korea

단어	뜻	발음기호	한글발음
mill	제분기, 방앗간, (v.) 갈다	mil	미을
semester	학기	simestə(r)	씨메스터
throat	목구멍	θroʊt	쓰로울
scold	꾸짖다	skoʊld	스코울드
struggle	투쟁하다, 싸우다, (n.) 투쟁	strʌgl	스트뤄글

단어	뜻	발음기호	한글발음
magical	신비한, 마력이 있는, 아주 멋진	mædʒikl	매쥐클
ashamed	부끄러워하는	əʃeimd	어쉐임드
health	건강	helθ	헬쓰
pure	순수한	pjʊr	퓨어
jean	진 바지	dʒi:n	쥐인

USA

단어	뜻	발음기호	한글발음
summary	요약, (adj.) 요약한	sʌməri	써머뤼
material	물질, 재료, (adj.) 물질적인	mətiriəl	머티뤼얼
valley	골짜기	væli	밸리
city hall	시청	siti hɔ:l	씨티 호을
customer	손님, 단골	kʌstəmə(r)	커스터머

단어	뜻	발음기호	한글발음
perform	실행하다	pərfɔːrm	퍼**뽀**옴
purse	지갑	pɜːrs	퍼어스
smell	냄새, (v.) ~냄새가 나다(smell-smelled-smelled) or (smell-smelt-smelt)	smel	스메을
golden	황금 같은, 금으로 만든	goʊldən	**고**울든
dirty	더러운	dɜːrti	**더**어티

Korea   **Japan**

단어	뜻	발음기호	한글발음
deer	사슴 (복수형 : deer)	dir	디어
destruction	파괴	distrʌkʃn	디스트럭션
claw	발톱, (v.) (손톱/발톱으로) 할퀴다	klɔː	클로
wonder	궁금해하다, (n.) 경이, 불가사의	wʌndə(r)	**원**더
yell	소리치다, (n.) 고함	jel	옐

단어	뜻	발음기호	한글발음
centigrade	섭씨	sentəgreid	**쎈**티그뤠이드
shoulder	어깨	ʃoʊldə(r)	**쇼**울더
lamb	어린양	læm	래앰
behind	뒤에	bihaind	비**하**인드
diameter	지름, 직경	daiæmitə(r)	다이**애**미터

USA

gain	얻다, 획득하다, (n.) 증가, 이득	gein	게인
hunt	사냥하다, (n.) 사냥, 수색	hʌnt	헌트
violet	보랏빛	vaiələt	**바**이얼렅
although	비록 ~이지만	ɔːlðoʊ	올**도**우
canal	운하	kənæl	커**내**을

Chunk set 03 ▸▸

단어	뜻	발음기호	한글발음
useless	쓸모 없는	juːsləs	**유**우슬러스
beggar	거지	begə(r)	베거
handle	다루다, 거래하다, (n.) 손잡이	hændl	**핸**들
out of	~의 안에서 밖으로	aʊt ʌv	아웉 어브
such	그런	sʌtʃ	써취

Korea   Japan

jail	교도소, (v.) 투옥하다	dʒeil	줴일
college	단과 대학	kaːlidʒ	**칼**리쥐
enter	들어가다	entə(r)	**엔**터
hawk	매	hɔːk	호옥
trip	(짧은) 여행, (v.) 발을 헛디디다	trip	트륖

단어	뜻	발음기호	한글발음
permit	허락하다, 허가하다	pərmit	퍼밑
acknowledge	인정하다, 승인하다	əkna:lidʒ	억날리쥐
offer	제공하다, 제안하다, (n.) 제안	ɔ:fə(r)	오뻐
quarter	4분의 1, (도시 내의) 구역, (병사/하인 등의) 숙소, (정보/도움을 주는) 사람(들)	kwɔ:rtə(r)	쿠오터
chain	사슬, (v.) (사슬로) 묶다	tʃein	췌인

USA

saw	톱, (v.) 톱질하다	sɔ:	쏘오
lead	이끌다, (n.) 납(lead-led-led)	li:d / (n.) led	리이드 / (n.) 레드
physician	의사, 내과의사	fiziʃn	삐지션
comfort	안락, 위로, (v.) 위로하다	kʌmfərt	컴뽀트
complete	완벽한, (v.) 완료하다	kəmpli:t	컴플리일

Chunk set 04 ▸▸

단어	뜻	발음기호	한글발음
link	연결하다, (n.) 연결, 관련	liŋk	링크
ruler	지배자, 자	ru:rə	**루**울러
pet	애완동물	pet	펱
Pacific	태평양, (adj.) 태평양의	pəsifik	퍼**씨삑**
through	~을 통과해서	θru:	쓰루우

Korea　　　　　　　　Japan

tend	~하는 경향이 있다	tend	텐드
sightseeing	관광	saitsi:iŋ	**사**잍씨잉
rude	무례한, 버릇없는	ru:d	루우드
worth	~의 가치가 있는	wɜ:rθ	우어쓰
separate	분리하다, (adj.) 분리된	sepəreit / (adj.) sepərit	**쎄**퍼레잇트 / (adj.) **쎄**퍼럿

단어	뜻	발음기호	한글발음
habit	습관	hǽbit	해빝
bat	야구 방망이, 박쥐, (v.) 공을 치다	bæt	뱉
broadcast	방송하다, 방영하다, (n.) 방송	brɔ:dkæst	브로드캐스트
supply	공급하다, 배달하다, (n.) 공급	səplai	써플라이
some	어떤, 약간의, (n.) 조금	səm	썸

USA

prospect	전망, 기대, 가망, (v.) 탐사하다	pra:spekt	프라스펙트
military	군의, (n.) 군	miləteri	밀리터뤼
hug	꼭 껴안다, (n.) 포옹	hʌg	허그
own	자기 자신의, (v.) 소유하다	oʊn	오운
greedy	욕심 많은	gri:di	그뤼이디

Chunk set 05 ▸▸

단어	뜻	발음기호	한글발음
muscle	근육	mʌsl	머슬
continue	계속하다	kəntinju:	컨티뉴우
recommend	추천하다, ~을 권하다	rekəmend	뤠커멘드
true	진실의, 옳은	tru:	트루우
boring	지루한, 지루하게 만드는	bɔ:riŋ	보오링

Korea ✈ **Japan**

단어	뜻	발음기호	한글발음
wave	파도, 물결, 흔들기, (v.) (손/팔을) 흔들다	weiv	웨이브
maybe	어쩌면, 아마	meibi	메이비
garbage	쓰레기	ga:rbidʒ	가아비쥐
consist	구성되다	kənsist	컨씨스트
genius	천재, 비범한 재능	dʒi:niəs	쥐이니어스

단어	뜻	발음기호	한글발음
underground	지하의	ʌndərɡraʊnd	언더구롸운드
jar	항아리, 단지, (v.) 부딪치다	dʒɑːr)	좌아
visit	방문하다, (n.) 방문	vizit	비짙
ancient	옛날의, 고대의	einʃənt	에인쉰트
comb	빗, (v.) 빗질하다	koʊm	코움

USA

smoke	연기, (v.) 담배를 피우다, 훈제하다	smoʊk	스모욱
brick	벽돌	brik	브뤽
history	역사	histri	히스토뤼
throw	던짐, (v.) 던지다(throw-threw-thrown)	θroʊ	쓰로우
subject	주제, 과목, 피실험자, (adj.) ~의 권한 아래 있는	sʌbdʒekt	썹줴트

Chunk set 06 ▸▸

단어	뜻	발음기호	한글발음
refute	반박하다	rifju:t	뤼**뷰**트
bean	콩, (v.) 머리를 때리다	bi:n	비인
record	기록, (v.) 기록하다	rekərd / (v.) rikɔ:rd	**레커**드 / (v.) 리**코**드
invade	침략하다, 침입하다	inveid	인**베**이드
apply	적용하다, 지원하다	əplai	어플**라**이

Korea   Japan

tiny	작은, 조그마한	taini	**타**이니
convenience	편의	kənvi:niəns	컨**비**니언쓰
a lot	대단히, 많이	ə lat	얼**랏**
refuse	거절하다, 거부하다	rifju:z	뤼**뷰**즈
figure	숫자, 인물, 모양, (v.) 중요하다	figjər	**삐**거

단어	뜻	발음기호	한글발음
instance	예, 사실	instəns	인스턴스
dozen	12개	dʌzn	더즌
basketball	농구	bæskitbɔːl	배스킷보울
area	지역, 범위	eriə	에리어
southern	남쪽의	sʌðərn	써던

USA

taste	맛, (v.) 맛보다	teist	테이스트
toe	발가락	toʊ	토우
miss	놓치다, 그리워하다, (n.) 놓침, 실책	mis	미쓰
repair	고치다, 수선하다, (n.) 수리, 수선	riper	뤼페어
ocean	대양, 바다	oʊʃn	오우션

Chunk set 07 ▸▸

단어	뜻	발음기호	한글발음
fold	접다, 포개다, (n.) (천 등의) 주름, 접힌 부분	foʊld	뽀울드
correct	정정하다, (adj.) 올바른	kərekt	커뤡트
refrigerator	냉장고	rifridʒəreitər	리쁘**리**쥐뤠이터
various	다양한	veriəs	**베**뤼어ㅅ
locate	~에 위치시키다	loʊkeit	**로**우케잍

Korea ✈ **Japan**

familiar	친근한, 잘 알고 있는	fəmiliə(r)	뻐**밀**려
opponent	반대자, 적, 상대	əpoʊnənt	어**포**우넌트
elder	(가족 관계인 두 사람 중) 손위의	eldə(r)	**엘**더
constant	불변의, 끊임없는	ka:nstənt	**칸**스턴트
else	또 다른	els	엘스

단어	뜻	발음기호	한글발음
wrong	틀린, 잘못된	rɔːŋ	로옹
contest	대회, (v.) 경쟁을 벌이다	kaːntest / (v.) kəntest	**칸**테스트 / (v.) 컨테스트
western	서쪽의	westərn	웨스턴
hurry	서두름, (v.) 서두르다	hɜːri	허어뤼
hardworking	근면한		**하**아드워킹

USA

roar	울부짖다, (n.) 으르렁거림	rɔː(r)	로오
compulsory	강제적인	kəmpʌlsəri	컴**펄**써리
lonely	외로운	loʊnli	**로**운리
grace	우아함, (v.) (아름답게) 꾸미다	greis	그뤠이스
museum	박물관	mjuziːəm	뮤**지**이엄

Chunk set 08 ▸▸

단어	뜻	발음기호	한글발음
threat	위협, 협박	θret	쓰뤨
solution	해결, 해답	səluːʃn	써**루**우션
each other	서로 (둘 사이)		이취 어더
on	~ 위에 (표면에 붙어)	aːn	온
fasten	묶다	fæsn	**빼**쓴

Korea   Japan

단어	뜻	발음기호	한글발음
scene	장면, 현장	siːn	씨인
athlete	운동선수	æθliːt	**애**쓰리일
aid	돕다, (n.) 도움, 원조	eid	에이드
gun	총, (v.) (엔진이) 고속으로 돌아가다	gʌn	건
bring	가져오다(bring-brought-brought)	briŋ	브륑

단어	뜻	발음기호	한글발음
need	필요하다, (n.) 필요	ni:d	니이드
sometimes	때때로	sʌmtaimz	썸타임즈
bank	은행, 둑, (v.) 예금하다	bæŋk	뱅크
ride	타고 가다(ride-rode-ridden)	raid	라이드
agree	동의하다	əgri:	어그뤼

USA

plant	식물, 공장, (v.) 심다	plænt	플랜트
silly	어리석은	sili	씰리
detach	떼어 내다	ditætʃ	디태취
wealth	부, 재산	welθ	웰쓰
recycle	재활용하다	ri:saikl	뤼싸이클

Chunk set 09 ▶▶

단어	뜻	발음기호	한글발음
examination	시험, 검사	igzæmineiʃn	이그재미네이션
tongue	혀, 언어, (v.) 혀로 핥다	tʌŋ	텅
final	마지막의, (n.) 결승전, 기말 시험	fainl	빠이늘
moment	순간, 찰나	moʊmənt	모우먼트
cage	우리, (v.) 우리에 가두다	keidʒ	케이쥐

Korea   Japan

capable	~할 수 있는, 유능한	keipəbl	케이퍼블
favor	호의, (v.) (계획/제안 등에) 호의를 보이다	feivər	뻬이붜
once	한 번	wʌns	원스
upside down	뒤집힌, 거꾸로		엎사이드 다운
imagine	상상하다	imædʒin	이매쥔

단어	뜻	발음기호	한글발음
shy	수줍은	ʃai	쇼이
tomb	묘, 묘지	tu:m	투움
wet	젖은, (v.) 적시다	wet	웰
contrast	대조, 대비, (v.) 대조하다	ka:ntræst / (v.) kəntræst	**칸트뤠스트 / (v.) 컨트뤠스트**
deserve	~할 가치가 있다	dizɜ:rv	**디저어브**

USA

lock	자물쇠, (v.) (자물쇠로) 잠그다	la:k	라악
fin	지느러미	fin	삔
slip	미끄러지다	slip	슬맆
voyage	항해, 여행, (v.) 항해하다, 여행하다	vɔiidʒ	**보이쥐**
deceive	속이다	disi:v	디씨브

Chunk set 10 ▸▸

단어	뜻	발음기호	한글발음
tidy	단정한	taidi	**타이디**
apparent	분명한, 명백한	əpærənt	**어패뤈트**
gym	체육관	dʒim	**짐**
million	백만	miljən	**밀련**
still	아직, 여전히, (adj.) 조용한, 움직이지 않는	stil	**스티을**

Korea ⎯⎯⎯⎯⎯ Japan ⎯⎯⎯⎯⎯⎯⎯⎯

excite	흥분시키다	iksait	**익싸잍**
fairy	요정	feri	**뻬어뤼**
mammal	포유동물	mæml	**매믈**
refund	환불, (v) 환불하다	ri:fʌnd	**뤼뻔드 / (v.) 뤼뻔드**
blanket	담요, (v.) (완전히) 뒤덮다, (adj.) 전반적	blæŋkit	**블랭킽**

단어	뜻	발음기호	한글발음
connection	연결, 관계	kənekʃn	커넥션
ever	언제나, 한 번이라도	evə(r)	에버
liberty	자유, 해방	libərti	리버티
clever	영리한	klevə(r)	클레버
death	죽음	deθ	데쓰

USA

pull	끌어당기다, (n.) 끌기	pʊl	푸을
thief	도둑	θi:f	씨이쁘
movement	운동, 움직임	mu:vmənt	무우브먼트
matter	중요하다, 문제되다, (n.) 문제	mætə(r)	매터
goose	거위 (복수형 : geese)	gu:s	구우스

Chunk set 11 ▸▸

단어	뜻	발음기호	한글발음
harmony	조화	ha:rməni	**하아머니**
nowadays	오늘날에는	naʊədeiz	**나우어데이즈**
export	수출하다, (n.) 수출	ikspɔ:rt / (n.) ekspɔ:rt	**익쓰포트 / (n.) 엑쓰포트**
fruit	과일, (v.) 열매를 맺다	fru:t	**쁘루웉**
interval	간격, 거리	intərvl	**인터블**

Korea　　　　　　　　**Japan**

crosswalk	횡단보도	krɔ:swɔ:k	**크로쓰우오크**
share	분배하다, 공유하다, (n.) 몫, 주식	ʃer	**쉐어**
temperature	온도, 기온, 체온	temprətʃə(r)	**템퍼뤄춰**
fluid	액체	flu:id	**쁠루이드**
rear	뒤쪽, 후방의, (v.) 기르다, 사육하다	rir	**뤼어**

단어	뜻	발음기호	한글발음
mouse	쥐, 마우스	maʊs	마우스
cure	치료, (v.) 고치다	kjʊr	큐어
similar	비슷한, 같은 모양의	simələ(r)	**씨밀러**
broad	광대한	brɔ:d	브로오드
join	참여하다, 가입하다, (n.) 연결 부위	dʒɔin	쥬오인

USA

horn	뿔, (차량의) 경적	hɔ:rn	호온
rest	휴식, 나머지, (v.) 쉬다	rest	뤠스트
consider	숙고하다, 고려하다	kənsidə(r)	**컨씨더**
twice	두 배, 두 번	twais	트와이쓰
frighten	놀라게 하다	fraitn	**쁘롸**이튼

Chunk set 12 ▸▸

단어	뜻	발음기호	한글발음
wood	나무, 목재	wʊd	우드
grass	풀, 목초	græs	그래스
bill	지폐, 계산서, 법안, (v.) 청구서를 보내다	bil	비을
grab	움켜잡다, (n.) 움켜잡으려고 함	græb	그랩
heat	열, 더위, (v.) 가열하다	hi:t	히이트

Korea ———————— Japan ——————————————

cycle	자전거, (기계 작동 등의) 회전	saikl	싸이클
lawyer	변호사, 법률가	lɔ:jə(r)	로오여
catch	붙들다, (n.) 잡기, 자물쇠	kætʃ	캐취
damage	손상, 피해, (v.) 손상을 주다	dæmidʒ	대미쥐
doubt	의심, (v.) 의심하다	daʊt	다울

단어	뜻	발음기호	한글발음
clue	실마리, 단서	klu:	클루우
combination	결합, 배합, 조합	ka:mbineiʃn	캄비네이션
tired	피곤한	taiərd	타이어드
classmate	학급친구	klæsmeit	클래쓰매잍
tune	곡조, 멜로디, (v.) 음을 맞추다, 조정하다	tu:n	튜운

USA

shock	충격, (v.) 충격을 주다	ʃa:k	쇼악
fireman	소방관	faiərmən	빠이어맨
pumpkin	호박	pʌmpkin	펌프킨
finish	끝내다, (n.) 마지막 부분	finiʃ	삐니쉬
wolf	늑대	wʊlf	울쁘

Chunk set 13 ▸▸

단어	뜻	발음기호	한글발음
hill	언덕	hil	히을
butterfly	나비	bʌtərflai	버터쁠라이
crazy	미친	kreizi	크뢔이지
explain	설명하다(명사형 : explanation)	iksplein	익쓰플레인
behavior	행동, 태도	biheivjər	비헤이비어

Korea   Japan

단어	뜻	발음기호	한글발음
diligent	부지런한	dilidʒənt	딜리젼트
lay	누이다, 놓다(lay-laid-laid)	lei	레이
sunny	화창한	sʌni	써니
seat	자리, 좌석, (v.) 앉히다, 앉다	si:t	씨잍
raise	올리다, 일으켜 세우다	reiz	뤠이즈

단어	뜻	발음기호	한글발음
operate	수술하다, 조종하다	a:pəreit	**아퍼뤠일**
misunderstand	오해하다	misʌndərstænd	미스언더스**탠**드
proper	적당한, 예의 바른	pra:pə(r)	**프라퍼**
dark	어두운, (n.) 어둠	da:rk	다아크
earth	지구, 흙	ɜ:rθ	어쓰

USA

단어	뜻	발음기호	한글발음
environment	환경	invairənmənt	인**봐**이뤈먼트
shine	빛나다, 반짝이다, (n.) 윤(기), 광(택)	ʃain	솨인
flame	불꽃, 화염, (v.) 활활 타오르다	fleim	쁠레임
merry	즐거운, 명랑한	meri	**메뤼**
handsome	잘생긴	hænsəm	**핸썸**

Chunk set 14 ▶▶

단어	뜻	발음기호	한글발음
narrator	해설자	nəreitə(r)	너뤠이터
rise	일어서다, 떠오르다(rise-rose-risen)	raiz	롸이즈
distant	먼	distənt	디스텐트
beef	소고기	bi:f	비이쁘
weapon	무기	wepən	웨펀

Korea ✈ **Japan**

bloom	꽃, (v.) 꽃이 피다	blu:m	블루움
select	선발하다, 선택하다, (adj.) 엄선된	silekt	씰렉트
edge	모서리, 가장자리, (v.) 조금씩 움직이다	edʒ	에쥐
snail	달팽이	sneil	스네일
sunrise	일출	sʌnraiz	썬롸이즈

단어	뜻	발음기호	한글발음
honey	벌꿀, 사랑스런 사람	hʌni	허니
vain	헛된	vein	베인
mad	미친	mæd	매드
vehicle	운송 수단, 차량	viːəkl	비어클
tear	눈물, (v.) 찢다(tear-tore-torn)	tir / (v.) ter	티어 / (v.) 테어

USA

단어	뜻	발음기호	한글발음
ceremony	의식	serəmoʊni	쎄뤄모우니
rent	빌려주다, (n.) 집세, 임대료	rent	뤤트
sword	검	sɔːrd	쏘오드
astonish	깜짝 놀라게 하다	əstaːniʃ	어스타니쉬
roof	지붕	ruːf	루웊

Chunk set 15 ▸▸

단어	뜻	발음기호	한글발음
ache	아픔, (v.) 아프다	eik	에익
barber	이발사	baːrbə(r)	**바**아버
palace	성, 궁전	pæləs	**팰**리스
forest	숲, 삼림	fɔːrist	**뽀**오뤼스트
completion	완성, 성취	kəmpliːʃn	컴플**리**이션

Korea — ✈ — **Japan**

successful	성공적인	səksesfl	**썩쎄**스쁠
spend	(돈/시간 등을) 쓰다(spend-spent-spent)	spend	스펜드
leave	떠나다, 남겨두다(leave-left-left)	liːv	리이브
lake	호수, 연못	leik	레익
bit	작은 조각, 조금	bit	빝

단어	뜻	발음기호	한글발음
slight	약간의, 경미한	slait	슬라잍
baggage	수하물, 짐	bægidʒ	배기쥐
regular	규칙적인, 주기적인	regjələ(r)	뤠귤러
borrow	빌리다	ba:roʊ	바로우
mail	우편물, 이메일, (v.) (우편으로) 보내다	meil	메일

USA

childhood	어린 시절	tʃaildhʊd	촤일드후드
device	장치	divais	디봐이스
enemy	적, 원수	enəmi	에너미
besides	~ 외에도	bisaidz	비싸이즈
watch	보다, (n.) 시계	wa:tʃ	와취

단어	뜻	발음기호	한글발음
concerned	걱정스러운, 염려하는	kəns3:rnd	컨써언드
local	지방의, 현지의	loʊkl	로우클
discourage	낙담시키다	disk3:ridʒ	디스커뤼쥐
exit	출구, (v.) 나가다	eksit	엑싙
interest	관심, 이자, (v.) 관심을 끌다	intrəst	인터뤠스트

Korea   Japan

단어	뜻	발음기호	한글발음
basement	지하층	beismənt	베이쓰먼트
debate	논쟁하다, 토론하다, (n.) 토론	dibeit	디베일
shut	닫다, (adj.) 닫힌(shut-shut-shut)	ʃʌt	쉴
choose	선택하다, 고르다(choose-chose-chosen)	tʃuːz	츄우즈
merchandise	상품, 제품, (v.) 판매하다	mɜːrtʃəndaiz	머췬다이즈

단어	뜻	발음기호	한글발음
whisper	속삭이다, (n.) 속삭임	wispə(r)	위스퍼
ability	능력, 재능	əbiləti	어빌러티
have	~을 갖다, 먹다(have-had-had)	hæv	해브
musician	음악가	mjuziʃn	뮤지션
mentally	정신적으로	mentəli	멘털리

USA

단어	뜻	발음기호	한글발음
giant	거인, (adj.) 거대한	dʒaiənt	좌이언트
order	명령, 정리, 주문, 순서, (v.) 명령하다, 정리하다, 주문하다	ɔːrdə(r)	오더
nest	둥지, (v.) 보금자리를 짓다	nest	네스트
fond	좋아하는	faːnd	빠안드
property	재산, 자산	praːpərti	프라퍼티

Chunk set 17 ▸▸

단어	뜻	발음기호	한글발음
method	방법, 수단	meθəd	**메써드**
kind	친절한, (n.) 종류	kaind	**카인드**
pretty	예쁜	priti	**프리티**
wise	현명한, 똑똑한	waiz	**와이즈**
pray	빌다, 기원하다	prei	**프뤠이**

Korea   **Japan**

단어	뜻	발음기호	한글발음
cheek	뺨, 볼	tʃiːk	**취익**
somewhere	어딘가에	sʌmwer	**썸웨어**
business	사업, 일	biznəs	**비즈너스**
pool	물웅덩이, (v.) (공동으로 이용할 자금/정보 등을) 모으다	puːl	**푸을**
fuel	연료, 에너지, (v.) 연료를 공급하다	fjuːəl	**뷰우얼**

단어	뜻	발음기호	한글발음
turkey	칠면조, (나라이름) 터키(T가 대문자)	tɜ:rki	**터**어키
serve	~에 봉사하다	sɜ:rv	써어브
get rid of	~을 없애다		겔 뤼드 어브
squirrel	다람쥐	skwɜ:rəl	스**쿼**어뤌
fence	담장, 울타리, (v.) 울타리를 치다	fens	뻰쓰

USA

respect	존경하다, (n.) 존경, (측)면, 사항	rispekt	뤼스**펙**트
direction	방향, 지시	dərekʃn	디**뤡**션
immediate	즉시의, 당장의	imi:diət	이**미**디엍
gesture	몸짓, (v.) 손짓/몸짓을 하다	dʒestʃə(r)	**줴**스춰
dye	염색하다, (n.) 염료	dai	다이

Chunk set 18 ▸▸

단어	뜻	발음기호	한글발음
knock	치다, 두드리다, (n.) 노크 소리, 타격	nɑːk	나악
rid	제거하다	rid	뤼드
drawer	서랍	drɔːr	드로어
lesson	수업, 과, 교훈	lesn	레쓴
hut	오두막집	hʌt	헡

Korea   Japan

단어	뜻	발음기호	한글발음
jewel	보석	dʒuːəl	쥬우얼
weak	약한	wiːk	위익
unkind	불친절한	ʌnkaind	언카인드
bridge	다리, (v.) 다리를 놓다	bridʒ	브뤼쥐
stem	줄기, (v.) (흐름을) 막다	stem	스템

단어	뜻	발음기호	한글발음
chat	잡담하다, (n.) 잡담	tʃæt	챗
voice	목소리, (v.) (말로) 나타내다	vɔis	보이쓰
strange	이상한, 낯선	streindʒ	스트뤠인쥐
fur	털, 모피	fɜː(r)	뻐
retire	은퇴하다, 퇴직하다	ritaiə(r)	뤼타이어

USA

circumstance	상황, 환경	sɜːrkəmstæns	써컴스탠쓰
thin	얇은, 가는	θin	씬
polite	공손한, 예의 바른	pəlait	펄라잍
like	~와 같은, (v.) 좋아하다	laik	라잌
dialog	대화	daiələːg	다이얼로그

Chunk set 19 ▸▸

단어	뜻	발음기호	한글발음
brush	붓, (v.) 빗질하다	brʌʃ	브뤄쉬
guilty	유죄의, 저지른	gilti	길티
cucumber	오이	kju:kʌmbə(r)	큐컴버
cough	기침, (v.) 기침하다	kɔ:f	코오쁘
sentence	문장, 선고, (v.) (형을) 선고하다	sentəns	쎈텐쓰

Korea   Japan

단어	뜻	발음기호	한글발음
belt	벨트, 허리띠, 지대, (v.) 세게 치다	belt	벨트
any	어떤, 어느	eni	에니
custom	관습, 풍습 (customs : 세관, 관세)	kʌstəm	커스텀
windy	바람이 센	windi	윈디
atmosphere	환경, 분위기	ætməsfir	앳머스삐어

단어	뜻	발음기호	한글발음
cause	원인, 이유, (v.) 발생시키다, 야기하다	kɔːz	코오즈
otherwise	그렇지 않고	ʌðərwaiz	**어**더와이즈
lung	폐, 허파	lʌŋ	렁
attention	주의, 주목	ətenʃn	어**텐**쉬
main	주요한, (n.) 본관	mein	메인

USA

melt	녹다, 용해하다	melt	멜트
body	몸	baːdi	바아디
ghost	유령	goʊst	고우스트
curious	호기심을 끄는	kjʊriəs	**큐**리어스
frank	솔직한, 명백한	fræŋk	쁘뢩크

Chunk set 20 ▶▶

단어	뜻	발음기호	한글발음
peace	평화	piːs	피이스
situation	위치, 상황, 상태	sitʃueiʃn	씰츄에이션
client	고객	klaiənt	클라이언트
search	수색하다, (n.) 수색, 검색	sɜːrtʃ	써어취
plan	계획, (v.) 계획하다	plæn	플랜

Korea ──────────────── ✈ ──────────── Japan

단어	뜻	발음기호	한글발음
junior	손아래의, 하급의, (n.) 하급자	dʒuːniə(r)	쥬우니어
hide	감추다, 숨기다, (n.) 은신처	haid	하이드
change	변하다, 변화시키다, (n.) 변화, 잔돈	tʃeindʒ	췌인쥐
influence	영향, (v.) 영향을 미치다	influəns	인쁠루언스
hence	그러므로, 이리하여	hens	헨스

단어	뜻	발음기호	한글발음
return	돌아오다, (n.) 돌아옴, 반납	ritɜ:rn	뤼**터**언
expensive	비싼	ikspensiv	익쓰**펜**씨브
secure	안전한, (v.) 안전하게 하다	səkjʊr	서**큐**어
shape	모양, (v.) 모양을 만들다	ʃeip	쉐잎
gap	틈, 간격	gæp	갶

USA

단어	뜻	발음기호	한글발음
mild	온화한, 가벼운	maild	마일드
dolphin	돌고래	dɑ:lfin	**돌**삔
flight	비행	flait	쁠라잍
shoot	(총 등을) 쏘다, (영화/사진을) 촬영하다(shoot-shot-shot)	ʃu:t	슈웉
shower	소나기, 샤워, (v.) 샤워를 하다	ʃaʊə(r)	**샤**우워

Chunk set   1 - 20

Chunk set   41 - 60
Chunk set   61 - 81

Chunk set 21 ▸▸

단어	뜻	발음기호	한글발음
slope	경사면, 비탈, (v.) 경사지다	sloʊp	슬로웊
robber	강도	raːbə(r)	**롸**아버
pill	알약	pil	피을
foreign	외국의, 외국산의	fɔːrən	**뽀**오륀
nature	자연, 본성	neitʃə(r)	네이춰

Korea ⟶ **the Pacific**

appeal	호소하다, 항소하다, 매력적이다, (n.) 호소, 항소, 매력	əpiːl	어**피**을
sale	판매	seil	세일
build	세우다(build-built-built)	bild	빌드
straight	똑바른, (adv.) 똑바로	streit	스트뤠일
sight	시력, 광경, 명소(복수형), (v.) (찾고 있던 것을) 갑자기 보다	sait	사일

단어	뜻	발음기호	한글발음
kite	연	kait	카잍
pause	잠시 멈추다, (n.) 멈춤	pɔːz	포오즈
tray	쟁반	trei	트뤠이
yet	아직	jet	옡
underneath	아래에, 밑에	ʌndərniːθ	언더니이쓰

USA

descend	내려가다, 감소하다	disend	디쎈드
economy	경제	ikaːnəmi	이카너미
merchant	상인	mɜːrtʃənt	머춴트
pitch	던지다, (n.) 경기장, 정점	pitʃ	피취
centimeter	센티미터	sentəmiːtər	쎈터미터

Chunk set 22 ▸▸

단어	뜻	발음기호	한글발음
clown	어릿광대, (v.) 광대 짓을 하다	klaʊn	클라운
funeral	장례식	fjuːnərəl	**쀼**우너뤌
post	우편, 우체국, (v.) (우편물을) 발송하다	poʊst	포우스트
cave	동굴	keiv	케이브
propose	제안하다, 청혼하다	prəpoʊz	프러**포**우즈

Korea   the Pacific

단어	뜻	발음기호	한글발음
encourage	격려하다	inkɜːridʒ	인**커**리쥐
pleasure	기쁨, 즐거움	pleʒə(r)	프레줘
resent	분개하다	rizent	뤼**젠**트
climb	오르다, 기어오르다	klaɪm	클라임
bend	구부리다, (n.) 굽은 곳(bend-bent-bent)	bend	벤드

단어	뜻	발음기호	한글발음
decorate	꾸미다, 장식하다	dekəreit	데커뤠잍
sincere	진실된, 진정한	sinsir	씬씨어
pal	단짝, 친구	pæl	패을
sail	항해하다, (n.) 돛, 항해	seil	세일
major	주요한, 대다수의, (v.) 전공하다	meidʒə(r)	메이줘

USA

단어	뜻	발음기호	한글발음
even	~조차도	iːvn	이븐
angle	각도, (v.) 비스듬히 놓다	æŋgl	앵글
single	독신의, 단 하나의, 편도의	siŋgl	씽글
greenhouse	온실	griːnhaʊs	그륀하우스
remove	없애다, 제거하다	rimuːv	뤼무우브

Chunk set 23 ▸▸

단어	뜻	발음기호	한글발음
guide	안내자, (v.) 안내하다	gaid	가이드
nurse	간호사, (v.) 간호하다	nɜ:rs	너어스
temple	절, 사찰	templ	**템플**
owe	빚지고 있다	oʊ	오우
receive	받다	risi:v	뤼시이브

Korea   **the Pacific**

단어	뜻	발음기호	한글발음
float	뜨다, 띄우다	floʊt	쁠로울
offend	화나게 하다	əfend	어뻰드
aim	겨누다, 목표 삼다, (n.) 목표	eim	에임
research	연구, (v.) 연구하다	risɜ:tʃ	뤼서어취
pass	통과하다, (n.) 통과, 출입증, 산길	pæs	패스

단어	뜻	발음기호	한글발음
passport	여권	pǽspɔ:rt	패스포오트
itch	가려움, (v.) 가렵다, 가렵게 하다	itʃ	이취
weather	날씨	weðə(r)	웨더
bound	껑충껑충 달리다, (n.) 껑충껑충 뜀, (adj.) ~할 가능성이 큰	baʊnd	바운드
coin	동전, (v.) (새로운 낱말을) 만들다, 주조하다	kɔin	코인

USA

close	가까운, (v.) 닫다	kloʊs / (v.) kloʊz	클로우스 / (v.) 클로우즈
wound	상처, (v.) 상처를 입히다	wu:nd	우운드
exist	존재하다	igzist	이그지스트
credit	신용, 외상, (v.) 입금하다	kredit	크뤠딭
magnetic	자기장에 의한	mǽgnetik	매그네틱

Chunk set 24 ▸▸

단어	뜻	발음기호	한글발음
culture	문화, (v.) (미생물/조직 등을) 배양하다	kʌltʃə(r)	컬춰
gift	선물, 재능, (v.) 공짜로 내주다	gift	기쁘트
prison	감옥	prizn	프리즌
list	목록, 명단, (v.) 리스트를 작성하다	list	리스트
departure	출발, 떠남	dipa:rtʃə(r)	다파춰

Korea — the Pacific

democracy	민주주의	dima:krəsi	디마크뤄씨
autumn	가을	ɔ:təm	오텀
rather	오히려, 다소	ræðər	뢔더
fear	두려움, (v.) 두려워하다	fɪr	쀠어
store	가게, (v.) 저장하다	stɔ:(r)	스토어

단어	뜻	발음기호	한글발음
impression	인상, 감명	impreʃn	임프뤠션
dull	따분한, 재미없는	dʌl	덜
eastern	동쪽의	iːstərn	이스턴
between	~의 사이에 (둘 사이)	bitwiːn	비트윈
profession	직업	prəfeʃn	프러뻬션

USA

단어	뜻	발음기호	한글발음
freedom	자유	friːdəm	쁘뤼이덤
thirsty	목마른	θɜːrsti	써어스티
up	위로, 위에	ʌp	엎
global	지구의, 세계적인	gloʊbl	글로우블
narrow	폭이 좁은	næroʊ	내로우

Chunk set 25 ▶▶

단어	뜻	발음기호	한글발음
celebrate	축하하다, 기념하다	selibreit	**쎌**리브레잍
revolution	혁명, 대변혁	revəlu:ʃn	뤠버**루**우션
each	각각의, (n.) 각자	i:tʃ	이취
site	위치, 장소, (v.) 위치시키다	sait	사잍
labor	노동, (v.) 노동하다	leibər	**레**이버

Korea ●━━━━━━━━━━━━━━━━━━━━━━━━━━━━━━━━ ◉ **the Pacific**

reaction	반작용, 반응	riækʃn	뤼**액**션
capital	수도, 자본, 대문자, (adj.) 자본의	kæpitl	**캐**피틀
snake	뱀, (v.) (뱀처럼) 꿈틀꿈틀 움직이다	sneik	스네잌
language	언어, 말	læŋgwidʒ	**랭**귀쥐
sensitive	민감한, 섬세한	sensətiv	**쎈**써티브

단어	뜻	발음기호	한글발음
crime	죄, 범죄	kraim	크라임
fairy tale	동화		뻬어뤼 테일
information	정보	infərmeiʃn	인뽀메이션
original	최초의, 원래의	əridʒənl	어뤼지늘
communication	의사소통	kəmju:nikeiʃn	커뮤니케이션

USA

단어	뜻	발음기호	한글발음
admiral	해군 대장, 제독	ædmərəl	애드머럴
hurt	다치게 하다, (adj.) 다친, (n.) 상처(hurt-hurt-hurt)	hɜ:rt	허어트
rope	밧줄, (v.) 밧줄로 묶다	roʊp	로웊
anyway	어쨋든	eniwei	에니웨이
crack	금이 가다, (n.) (무엇이 갈라져 생긴) 금	kræk	크랙

Chunk set 26 ▸▸

단어	뜻	발음기호	한글발음
heart	심장, 마음	ha:rt	하아트
conduct	행동하다, (n.) 행위, 행동	kəndʌkt / (n.) kandʌkt	컨덕트 / (n.) 칸덕트
march	행진, (v.) 행진하다	ma:rtʃ	마아취
track	지나간 자국, 흔적, (v.) 추적하다	træk	트뤡
ceiling	천장	si:liŋ	씨일링

Korea ──────────────✈ **the Pacific**

expend	(많은 돈/시간/에너지를) 쏟다, 돈을 쓰다	ikspend	익쓰펜드
fit	들어맞다, 적합하다, (adj.) 건강한, 알맞은	fit	삩
shadow	그림자, (v.) 그림자처럼 따라다니다	ʃædoʊ	쉐도우
playground	운동장, 놀이터	pleigraʊnd	플레이그롸운드
nuclear	핵의, 핵무기의	nu:kliə(r)	누우클리어

단어	뜻	발음기호	한글발음
analyze	분석하다, 분해하다	ænəlaiz	애널라이즈
able	~할 수 있는	eibl	에이블
iron	철, 다리미, (v.) 다리미질을 하다	aiərn	아이뤈
in	~ 안에(내부)	in	인
industry	산업, 근면	indəstri	인더스트뤼

USA

glue	접착제, 풀, (v.) (접착제로) 붙이다	glu:	글루우
region	지역, 지방	ri:dʒən	뤼젼
tool	연장, 공구	tu:l	투울
excuse	용서하다	ikskju:s	익쓰큐즈
contaminate	오염시키다, 더럽히다	kəntæmineit	컨태미네잍

단어	뜻	발음기호	한글발음
talent	재주, 재능	tælənt	**탤런트**
sore	아픈, 쓰린, (n.) (빨갛게 된) 상처	sɔː(r)	**쏘오**
divorce	이혼시키다, (n.) 이혼	divɔːrs	**디보오스**
court	법정	kɔːrt	**코오트**
connect	연결하다, 관계시키다	kənekt	**커넥트**

Korea   **the Pacific**

단어	뜻	발음기호	한글발음
theater	극장	θiːətər	**씨어터**
fog	안개, (v.) 수증기가 서리다	fɔːg	**뽀오그**
flash	번쩍하다, (n.) 섬광	flæʃ	**쁠래쉬**
meal	식사	miːl	**미을**
posture	자세, 태도	paːstʃə(r)	**파스춰**

단어	뜻	발음기호	한글발음
enable	~할 수 있게 하다	ineibl	이네이블
kindergarten	유치원	kindərga:rtn	**킨**더가아튼
purpose	목적, 의도	pɜ:rpəs	**퍼**어퍼스
meat	고기	mi:t	미잍
actually	실제로, 사실은	æktʃuəli	**액**츄얼리

USA

note	메모, (v.) 메모하다	noʊt	노울
guard	경비, (v.) 보호하다	ga:rd	가아드
arrange	배열하다, 준비하다	əreindʒ	어**뤠**인쥐
kettle	주전자	ketl	**케**틀
clerk	사무원, 점원	klɜ:rk	클러얼

Chunk set 28 ▸▸

단어	뜻	발음기호	한글발음
nearly	거의	nirli	니얼리
puzzle	퍼즐, (v.) 어리둥절하게 만들다	pʌzl	퍼즐
judge	판결하다, (n.) 판사, 심판	dʒʌdʒ	줘줘
at	~에서(작은 지점)	ət	엣
fist	주먹	fist	쀠스트

Korea ⟶ **the Pacific**

단어	뜻	발음기호	한글발음
joy	기쁨, (v.) 기뻐하다	dʒɔi	죠이
either	~도 또한	iðə(r)	이더
bravery	용기, 용감	breivəri	브뤠이버뤼
suggestion	제안, 암시	sədʒestʃən	써줴스췐
nervous	신경의, 초조한	nɜːrvəs	너어버스

단어	뜻	발음기호	한글발음
journal	신문, 잡지	dʒɜːrnl	줘어늘
inform	알리다	infɔːrm	인뽀옴
save	구하다, 아끼다, 저축하다	seiv	세이브
triumph	대성공, (adj.) 크게 성공한	traiʌmf	트롸이엄쁘
delight	기쁨	dilait	딜라잍

USA

단어	뜻	발음기호	한글발음
board	판자, 게시판, 위원회, (v.) (차/ 비행기 등을) 타다	bɔːrd	보오드
within	~의 안쪽에	wiðin	위드인
kid	아이	kid	키드
length	길이	leŋθ	렝쓰
report	보고하다, (n.) 보고	ripɔːrt	뤼포오트

Chunk set 29 ▸▸

단어	뜻	발음기호	한글발음
upset	화가 나게 하다, 뒤엎다, (n.) 전복, 화남(upset-upset-upset)	ʌpset	엎쎗
loaf	(빵) 한 덩어리	loʊf	로우쁘
peanut	땅콩	piːnʌt	피이넡
explode	폭발시키다, 폭발하다	iksploʊd	익쓰플로우드
wish	바라다, 원하다, (n.) 바람, 소원	wiʃ	위쉬

Korea ●━━━━━━━━━━━━━━━━━━━━━━━━━○ the Pacific

steel	강철, (v.) 마음을 단단히 먹다	stiːl	스티을
deaf	귀가 먹은	def	데쁘
worry	걱정하다, (n.) 걱정	wɜːri	워어뤼
mist	엷은 안개, 연무	mist	미스트
satellite	위성, 인공위성	sætəlait	새털라잍

단어	뜻	발음기호	한글발음
bear	곰, (v.) 낳다, 견디다(bear-bore-born)	ber	베어
project	계획, 프로젝트, (v.) 계획하다	pra:dʒekt / (v.) prədʒekt	프라줴트 / (v.) 프러줴트
whole	전부, (adj.) 전부의	hoʊl	호울
grade	등급, 성적, (v.) (등급을) 나누다	greid	그뤠이드
horror	공포, 전율	hɔ:rə(r)	**호오뤄**

USA

approach	접근하다, (n.) 접근	əproʊtʃ	어프**로**우취
grave	무덤, (adj.) 심각한	greiv	그**뢔**이브
trend	경향, 추세	trend	트뤤드
quite	완전히, 아주	kwait	콰잍
difficult	어려운	difikəlt	**디**삐컬트

Chunk set 30 ▸▸

단어	뜻	발음기호	한글발음
unknown	알려지지 않은	ʌnnoʊn	언노운
scar	흉터, (v.) 흉터를 남기다	skɑ:(r)	스카아
selfish	이기적인	selfiʃ	**쎌**삐쉬
fry	튀김, (v.) 튀기다	frai	쁘라이
carpenter	목수, 목공	kɑ:rpəntə(r)	**카**펜터

Korea ○——————————————————————○ ✈ **the Pacific**

단어	뜻	발음기호	한글발음
past	지난, 과거의, (n.) 과거	pæst	패스트
crown	왕관, (v.) 왕관을 씌우다	kraʊn	크롸운
captain	선장, 대위, 주장, (v.) 주장이 되다	kæptin	**캡**틴
coward	겁 많은, 비겁한	kaʊərd	**카**우어드
quality	질, 품질	kwɑ:ləti	**콸**알러티

단어	뜻	발음기호	한글발음
unhappy	불행한	ʌnhǽpi	언해피
ruin	망치다, (n.) 몰락	ruːin	루우인
emotion	감정	imóuʃn	이모우션
publish	발표하다, 출판하다	pʌ́bliʃ	퍼블리쉬
abroad	해외로, 널리 퍼져	əbrɔ́ːd	어브로드

USA

library	도서관	láibreri	라이브뤄뤼
contain	내포하다	kəntéin	컨테인
private	개인의, 사적인, (n.) (군대의) 이등병	práivət	프라이벗
accept	받아들이다, 수락하다	əksépt	억쎕트
terrible	끔찍한	térəbl	테뤄블

단어	뜻	발음기호	한글발음
concert	연주회	ka:nsərt	칸써트
quit	그만두다, 버리다(quit-quitted/ quit-quitted/quit)	kwit	큍
trick	속임수, 장난, (v.) 속이다	trik	트뤽
unbelievable	믿겨지지 않는	ʌnbili:vəbl	언빌리버블
amuse	재미나게 하다	əmju:z	어뮤즈

Korea ───────────────────────── **the Pacific**

mushroom	버섯	mʌʃrʊm	머쉬룸
surround	둘러싸다, 포위하다	səraʊnd	써롸운드
exclaim	외치다	ikskleim	익쓰클레임
admire	숭배하다, 칭찬하다	ədmaie(r)	어드마이어
Mars	화성	ma:rz	마아즈

단어	뜻	발음기호	한글발음
sleep	자다, (n.) 잠(sleep-slept-slept)	sli:p	슬리잎
servant	하인	sɜ:rvənt	써어번트
fair	공평한, 공정한, (n.) 전시회, 박람회	feə(r)	뻬어
port	항구	pɔ:rt	포오트
electricity	전기	ilektrisəti	일렉트리서티

USA

단어	뜻	발음기호	한글발음
particular	특이한, 특별한	pərtikjələ(r)	퍼티큘러
different	서로 다른	difrənt	디뻐륀트
lip	입술	lip	맆
conversation	대화	ka:nvərseiʃn	컨버쎼이션
soy	콩, 간장	sɔi	쏘이

Chunk set 32 ▸▸

단어	뜻	발음기호	한글발음
shore	바닷가	ʃɔ:(r)	쇼오
praise	칭찬, (v.) 칭찬하다	preiz	프뤠이즈
race	인종, 민족	reis	뤠이스
row	열, 줄, (v.) 노를 젓다	roʊ	로우
block	막다, 봉쇄하다, (n.) 사각형 덩어리	bla:k	블락

Korea   the Pacific

단어	뜻	발음기호	한글발음
restaurant	식당	restra:nt	**뤠**스트뢴트
pay	지불하다	pei	페이
toad	두꺼비	toʊd	토우드
stream	시내, 개울, (v.) 줄줄 흐르다	stri:m	스트뤼임
experience	경험하다, (n.) 경험	ikspiriəns	익쓰**피**뤼언스

단어	뜻	발음기호	한글발음
check	살피다, 조사하다, (n.) 수표, 계산서	tʃek	첵
smart	똑똑한	smɑ:rt	스마아트
late	늦은, 고인이 된, (adv.) 늦게	leit	레잍
army	군대	ɑ:rmi	아미
birth	출생	bɜ:rθ	버얼쓰

USA

단어	뜻	발음기호	한글발음
amazing	놀랄 만한, 굉장한	əmeiziŋ	어메이징
die	죽다	dai	다이
usual	보통의	ju:ʒuəl	유우줠
lend	빌려주다(lend-lent-lent)	lend	렌드
wheel	수레바퀴, (v.) (바퀴 달린 것을) 밀다	wi:l	위일

Chunk set 33 ▸▸

단어	뜻	발음기호	한글발음
gather	모으다, 모이다	gæðə(r)	개더
degree	정도, 학위, 등급	digri:	디그뤼
murder	살인, (v.) 살해하다	mɜ:rdə(r)	머어더
soldier	군인	soʊldʒə(r)	쏘울져
position	위치, 직책	pəziʃn	퍼지션

Korea ●————————————————————✈ ◉ **the Pacific**

self	자기, 자신	self	쎄을쁘
stretch	늘이다, (n.) 스트레칭	stretʃ	스트뤠취
pain	아픔, (v.) 고통스럽게 하다	pein	페인
avoid	피하다, 회피하다	əvɔid	어보이드
log	통나무, 일지	lɔ:g	로옥

단어	뜻	발음기호	한글발음
shout	외치다	ʃaʊt	쏘울
spectacle	광경, 구경거리	spektəkl	스펙터클
suppose	추측하다	səpoʊz	써포우즈
seek	찾다, 구하다	si:k	씨잌
northern	북쪽의	nɔ:rðərn	노오든

USA

construct	건설하다, 세우다	kənstrʌkt	컨스트럭트
bury	묻다	beri	베뤼
concept	개념	ka:nsept	칸쎕트
garlic	마늘	ga:rlik	가아릭
drop	떨어지다, 떨어뜨리다, (n.) 방울, 하락	dra:p	드랖

Chunk set 34 ▸▸

단어	뜻	발음기호	한글발음
classic	고전의, 전통적인	klæsik	클래식
tight	단단히 맨	tait	타잍
life	삶, 생물	laif	라이쁘
royal	왕, (adj.) 왕족의	roiəl	로이얼
disappear	사라지다	disəpir	디스어피어

Korea   the Pacific

단어	뜻	발음기호	한글발음
swallow	삼키다, (n.) 제비	swa:loʊ	스왈로우
review	복습, (v.) 복습하다	rivju:	뤼뷰우
sunshine	햇빛, 행복	sʌnʃain	썬솨인
notice	통지, 통보, (v.) ~을 알아차리다	noʊtis	노우티스
burden	부담, (v.) ~에게 짐을 지우다	bɜ:rdn	버든

단어	뜻	발음기호	한글발음
believe	믿다	bili:v	빌리브
homework	숙제	hoʊmwɜ:rk	호움워억
department	부서, 매장	dipa:rtmənt	디파트먼트
science	과학	saiəns	싸이언쓰
chief	우두머리, 장관	tʃi:f	취이쁘

USA

bomb	폭탄, (v.) 폭격하다	ba:m	바암
senior	손위의, 고위의, (n.) 연장자, 상급자	si:niə(r)	씨니어
education	교육	edʒukeiʃn	에쥬케이션
deliver	배달하다, (연설/강연 등을) 하다, 출산하다	dilivə(r)	딜리버
govern	통치하다, 다스리다	gʌvərn	거번

Chunk set 35 ▸▸

단어	뜻	발음기호	한글발음
rule	규칙, 규정, (v.) 다스리다	ru:l	루을
acid	신, 신맛의, 산성의, (n.) 산(성)	æsid	애씨드
idea	생각	aidi:ə	아이디어
god	신	ga:d	가아앋
rub	문지르다, (n.) 문지르기	rʌb	럽

Korea ─────────────────────── **the Pacific**

단어	뜻	발음기호	한글발음
something	어떤 것	sʌmθiŋ	썸씽
hike	도보 여행하다	haik	하잌
orchard	과수원	ɔ:rtʃərd	오춰드
hire	고용하다	haiə(r)	하이어
cereal	곡식, 곡물	siriəl	씨뤼얼

단어	뜻	발음기호	한글발음
include	포함하다, 함유하다	inklu:d	인클루우드
anxious	걱정하는, 열망하는	æŋkʃəs	앵쉬스
attach	붙이다, 첨부하다	ətætʃ	어태취
navy	해군	neivi	네이뷔
excellent	훌륭한, 탁월한	eksələnt	엑설런트

USA

outline	외형, 개요	aʊtlain	아울라인
anytime	언제든지	enitaim	에니타임
collective	집단적인, 집합적인	kəlektiv	컬렉티브
hospital	병원	ha:spitl	하아스피틀
corn	옥수수, 곡식	kɔ:rn	코온

단어	뜻	발음기호	한글발음
wallet	지갑	waːlit	**왈리잍**
tough	거친	tʌf	**터쁘**
restrict	제한하다	ristrikt	**뤼스트륕트**
sow	(씨를) 뿌리다	soʊ	**쏘우**
oppose	반대하다	əpoʊz	**어포우즈**

Korea ●————————————————————————◎ the Pacific

단어	뜻	발음기호	한글발음
hasty	서두르는, 성급한	heisti	**헤이스티**
climate	기후	klaimət	**클라이멑**
negative	부정적인	negətiv	**네거티브**
ax	도끼, (v.) 도끼로 자르다	æks	**액스**
range	범위, 영역, (v.) (범위가) ~에서 ~까지이다	reindʒ	**뤠인쥐**

단어	뜻	발음기호	한글발음
legend	전설, 설화	ledʒənd	레줜드
Atlantic	대서양, (adj.) 대서양의	ætlæntik	애틀랜틱
leopard	표범	lepərd	레퍼드
bet	내기하다, 장담하다	bet	벹
overcome	극복하다, 이기다(overcome-overcame-overcome)	oʊvərkʌm	오우버컴

USA

단어	뜻	발음기호	한글발음
hobby	취미	ha:bi	하아비
rank	계급, 등급, 지위, (v.) (등급을) 매기다	ræŋk	랭크
tie	묶다, (n.) 묶는 끈	tai	타이
war	전쟁	wɔ:(r)	우워
outdoor	집밖의	aʊtdɔ:(r)	아울도어

Chunk set 37 ▸▸

단어	뜻	발음기호	한글발음
available	이용할 수 있는	əveiləbl	어**베**일러블
occasional	우연한, 가공의	əkeiʒənl	어**케**이줘늘
actor	배우	æktə(r)	**액**터
storm	폭풍, (v.) 기습하다	stɔ:rm	스**토**옴
over	~위에	oʊvə(r)	**오**우버

Korea   the Pacific

valid	유효한, 효과적인	vælid	**밸**리드
freezing	몹시 추운(freeze-froze-frozen)	fri:ziŋ	쁘**뤼**이징
vote	투표하다, (n.) 투표	voʊt	**보**울
enough	충분한	inʌf	이**너**쁘
fun	재미있는, 흥미로운, (n.) 재미	fʌn	**뻔**

단어	뜻	발음기호	한글발음
debt	빚	det	델
cloth	옷감, 천	klɔːθ	클로오쓰
push	밀다, (n.) 밀기	pʊʃ	푸쉬
clothes	옷, 의복	kloʊðz	클로우드즈
collect	모으다, 수집하다	kəlekt	컬렉트

USA

단어	뜻	발음기호	한글발음
wear	입다, 낡다(wear-wore-worn)	wer	웨어
rapid	빠른	ræpid	래피드
majority	대부분, 과반수	mədʒɔːrəti	머줘뤄티
advantage	유리, 이점	ədvæntidʒ	어드**밴**티쥐
out	~ 밖에	aʊt	아웉

Chunk set 38 ▸▸

단어	뜻	발음기호	한글발음
happen	발생하다	hæpən	해편
mankind	인간, 인류	mænkaind	맨카인드
midnight	한밤중	midnait	미드나잍
center	중심, 핵심, (v.) 중심에 두다	sentər	쎈터
forgive	용서하다(forgive-forgave-forgiven)	fərgiv	뽀기브

Korea ——————————————————————————— the Pacific

단어	뜻	발음기호	한글발음
dispute	분쟁, 논쟁, (v.) 반박하다	dispju:t	디스퓨우트
hole	구멍, (v.) 구멍을 내다	hoʊl	호울
feature	얼굴의 생김새, 용모, 특색	fi:tʃə(r)	삐이춰
poverty	가난, 빈곤	pa:vərti	파버티
without	~ 없이	wiðaʊt	위드아울

단어	뜻	발음기호	한글발음
perfect	완전한, 완벽한	pɜːrfekt	퍼펙트
evolve	진화하다, 발전하다	ivaːlv	이발브
punish	처벌하다, 벌을 주다	pʌniʃ	퍼니쉬
realize	깨닫다	riːəlaiz	리얼라이즈
international	국제 간의	intərnæʃnəl	인터내셔널

USA

land	땅, 육지, (v.) 착륙하다	lænd	랜드
performance	실행, 연주	pərfɔːrməns	퍼뽀오먼스
pity	불쌍히 여김	piti	피티
use	사용하다, (n.) 사용	juːz	유우즈
price	값, (v.) 값을 매기다	prais	프라이스

Chunk set 39 ▸▸

단어	뜻	발음기호	한글발음
clinic	진료소, 병원	klinik	클리닉
volleyball	배구	va:libɔ:l	바알리보울
universe	우주	ju:nivɜ:rs	유니버스
surprise	놀라게 하다, (n.) 놀라운 일	sərpraiz	써프롸이즈
until	~까지	əntil	언티을

Korea ——————————————————————————— **the Pacific**

appear	나타나다	əpir	어피어
former	이전의, 앞의	fɔ:rmə(r)	뽀오머
satisfy	만족시키다	sætisfai	새티스빠이
knowledge	지식, 학식	na:lidʒ	나알리쥐
ascend	오르다, 상승하다	əsend	어쎈드

단어	뜻	발음기호	한글발음
step	걸음, (v.) (발걸음을 떼어놓아) 움직이다	step	스텦
word	단어, (v.) 단어를 쓰다	wɜ:rd	워어드
medical	의학의	medikl	메디클
might	힘, (v.) may의 과거형	mait	마잍
calm	침착한, (v.) 진정시키다, (n.) 평온, 진정	ka:m	카암

USA

calm down	진정하다	ka:m daʊn	카암 다운
few	거의 없는, 소수의 (가산명사에 쓰임)(부정적 의미)	fju:	쀼우
bullet	탄알, 총알	bʊlit	불릿
consume	소비하다, 소모하다	kənsu:m	컨슈움
depend	의존하다, 의지하다	dipend	디펜드

단어	뜻	발음기호	한글발음
least	가장 적은(little-less-least)	liːst	리이스트
into	~의 밖에서 안으로	intu	인투
plane	비행기, (adj.) 평평한	plein	플레인
cheap	값이 싼	tʃiːp	취잎
extreme	극도의, 극심한	ikstriːm	익쓰트**뤼**임

Korea ●━━━━━━━━━━━━━━━━━ ◉ the Pacific

devil	악마, 마귀	devl	데블
alarm	놀람, (v.) 놀라게 하다	əlaːrm	얼라암
shake	흔들리다, 흔들다, (n.) 흔들기(shake-shook-shaken)	ʃeik	쉐익
revival	부활, 회복	rivaivl	뤼**바**이블
burn	타다, 불태우다, (n.) 화상	bɜːrn	버언

단어	뜻	발음기호	한글발음
folk	사람들, 일반 대중, (adj.) 민속의, 전통의	foʊk	뽀욱
pilot	조종사, (v.) 조종하다	pailət	파일럳
heaven	천국	hevn	헤븐
competition	경쟁, 대회	ka:mpətiʃn	캄퍼티션
parcel	꾸러미, 소포, (v.) 소포를 싸다	pa:rsl	파아슬

USA

단어	뜻	발음기호	한글발음
wage	임금, 급료	weidʒ	웨이쥐
wrist	손목, 손목 관절	rist	뤼스트
hook	갈고리, (v.) 갈고리로 걸다	hʊk	호욱
ground	땅, (v.) grind의 과거형	graʊnd	그롸운드
fail	실패하다, (n.) 불합격	feil	뻬일

TOUCH
VOCA

Chunk set   1 - 20

Chunk set   21 - 40

Chunk set   41 - 60

Chunk set   61 - 81

Chunk set 41 ▶▶

단어	뜻	발음기호	한글발음
soap	비누, (v.) 비누칠을 하다	soʊp	쏘웊
attack	공격, (v.) 공격하다	ətæk	어**택**
bee	꿀벌	bi:	비이
deep	깊은	di:p	디잎
request	요청, 요구	rikwest	**뤼퀘**스트

Korea

master	주인, 달인, (v.) ~에 통달하다	mæstə(r)	**매**스터
bull	황소	bʊl	부을
fury	격노, 격분, 맹렬함	fjʊri	**뷰뤼**
adventure	모험	ədventʃə(r)	어드**벤**춰
risk	위험, (v.) 위태롭게 하다	risk	**뤼**스크

단어	뜻	발음기호	한글발음
beneath	아래에	biniːθ	비니쓰
nail	손톱, 못, (v.) 못으로 박다	neil	네일
whether	~인지 아닌지	weðə(r)	**웨**더
plain	쉬운, 보통의, (n.) 평원	plein	플레인
annoy	괴롭히다	ənɔi	어**노**이

Hawaii ———————————————————————————— USA

단어	뜻	발음기호	한글발음
bitter	쓴, 괴로운	bitə(r)	비터
short	짧은	ʃɔːrt	쇼올
dish	접시, 요리	diʃ	디쉬
quarrel	싸움, (v.) 싸우다	kwɔːrəl	**쿼**어뤌
appreciate	감사하다, 진가를 알아보다, 인식하다	əpriːʃieit	어프**리**쉬에잍

Chunk set 42 ▸▸

단어	뜻	발음기호	한글발음
sunset	일몰	sʌnset	썬쎝
letter	편지, 문자, (v.) (일련의 글자 속에 어떤) 글자가 들어 있다	letə(r)	레터
community	공동체, 공동 사회	kəmjuːnəti	커뮤너티
saying	말, 속담	seiiŋ	쎄잉
deny	부인하다	dinai	디나이

Korea

ill	병든, 아픈	il	이을
huge	거대한	hjuːdʒ	휴우쥐
fight	싸우다, (n.) 싸움	fait	빠잍
intention	의도, 목적	intenʃn	인텐션
middle	중간의	midl	미들

단어	뜻	발음기호	한글발음
already	이미, 벌써	ɔ:lredi	올레디
drown	익사하다, 익사시키다	draʊn	드롸운
eyebrow	눈썹	aibraʊ	아이브롸우
arrow	화살, 화살표	æroʊ	애로우
scale	눈금, 규모, 저울, 비늘, (v.) 크기를 변경하다	skeil	스케일

Hawaii   USA

ladder	사다리	lædə(r)	래더
government	정부	gʌvərnmənt	거번먼트
myth	신화, 전설	miθ	미쓰
cheer	갈채, 격려, (v.) 환호하다	tʃir	취어
gate	문, 출입구	geit	게잍

Chunk set 43 ▸▸

단어	뜻	발음기호	한글발음
underwater	물속의, (adv.) 물속에서	ʌndərwɔ:tə(r)	언더**우**오터
remember	기억하고 있다	rimembə(r)	뤼**멤**버
injure	상처를 입히다	indʒə(r)	**인**줘
joke	농담, (v.) 농담하다	dʒoʊk	**쥬**오욱
laugh	웃다, (n.) 웃음	læf	**래**쁘

Korea

faucet	수도꼭지	fɔ:sit	**뽀**오싵
let	시키다	let	렡
shark	상어	ʃɑ:rk	**솨**악
rate	비율, 등급, 요금, (v.) (특정한 수준으로) 평가하다	reit	**래**잍
wed	결혼하다	wed	웨드

단어	뜻	발음기호	한글발음
organization	조직, 단체	ɔːrgənəzeiʃn	오거너**제**이션
blind	눈이 먼, (v.) 눈이 멀게 만들다	blaind	블라인드
trousers	바지	traʊzərz	트라우저즈
entire	전체의	intaiə(r)	인**타**이어
empty	텅 빈, (v.) 비우다	empti	**엠**프티

Hawaii   USA

단어	뜻	발음기호	한글발음
confidence	자신감	kaːnfidəns	**칸**삐던쓰
roommate	한 방 사람	ruːm meit	루움메잍
dawn	새벽, (v.) (하루나 한 시대가) 시작되다	dɔːn	도온
exactly	정확하게, 틀림없이	igzæktli	이그**잭**틀리
common	공통의, 일반의, 흔한	kaːmən	**카**아먼

단어	뜻	발음기호	한글발음
insect	곤충	insekt	**인섹트**
grammar	문법	græmə(r)	**그뤠머**
hell	지옥	hel	헤을
downstairs	아래층에	daʊnsterz	**다운스테어즈**
cheerful	발랄한, 쾌활한	tʃirfl	**취어쁠**

○
Korea

typical	전형적인, 대표하는	tipikl	**티피클**
beat	때리다, 이기다, (n.) 맥박, 박자(beat-beat-beaten)	bi:t	비잇
professor	교수	prəfesə(r)	**프러뻬서**
protect	보호하다	prətekt	**프러텍트**
recently	최근에, 요즘에	ri:sntli	**뤼슨틀리**

단어	뜻	발음기호	한글발음
stick	붙이다, 찌르다, (n.) 나뭇가지	stik	스틱
bug	곤충, 벌레, (v.) 도청하다	bʌg	버그
laundry	세탁, 세탁물	lɔ:ndri	**로온드뤼**
appoint	지명하다, 임명하다	əpɔint	어**포**인트
discuss	토의하다	diskʌs	디스**커**스

Hawaii · USA

alive	살아 있는	əlaiv	얼**라**이브
allow	허락하다, 허가하다	əlaʊ	얼**라**우
coast	해안	koʊst	코**우**스트
pot	단지, 병, (v.) 화분에 심다	pa:t	**파**앝
defense	방어, 수비	difens	디**뻰**쓰

단어	뜻	발음기호	한글발음
towel	수건, (v.) 수건으로 닦다	taʊəl	**타우얼**
medicine	약, 의학, 의술	medsn	**메드슨**
plate	접시, (v.) 도금하다	pleit	플레잍
aloud	큰 소리로	əlaʊd	얼라우드
tooth	이, 이빨	tu:θ	투우쓰

Korea

brown	갈색의, (n.) 갈색	braʊn	브라운
advance	전진하다, (n.) 전진	ədvæns	어드뺀쓰
diet	식사, 음식물, (v.) 다이어트를 하다	daiət	**다이얼**
deal	다루다, 거래하다, (n.) 거래	di:l	디을
afraid	두려워하는	əfreid	어쁘레이드

단어	뜻	발음기호	한글발음
load	짐, (v.) 태우다	loʊd	로우드
stone	돌, (v.) 돌을 던지다	stoʊn	스토운
wool	양털, 양모	wʊl	우울
across	~을 가로질러	əkrɔːs	억크로스
lawn	잔디, 잔디밭	lɔːn	로온

Hawaii   USA

단어	뜻	발음기호	한글발음
candle	초	kændl	캔들
necessary	필요한, 필수의	nesəseri	네써세뤼
engage	고용하다	ingeidʒ	인게이쥐
content	내용물, (adj.) 만족한	ka:ntent / (adj.) kəntent	칸텐트 / (adj.) 컨텐트
president	대통령, 회장	prezidənt	프레지던트

Chunk set 46 ▸▸

단어	뜻	발음기호	한글발음
system	제도, 체제	sistəm	**씨스텀**
relative	상대적인, (n.) 친척	relətiv	**뤨러티브**
scissors	가위	sizəz	**씨저즈**
adult	성인, (adj.) 성숙한, 어른의	ædʌlt	**어덜트**
concentration	집중, 집결	ka:nsntreiʃn	**컨쎈트뤠이션**

Korea

crop	농작물, 무리, (v.) 경작하다	kra:p	**크롾**
ankle	발목	æŋkl	**앵클**
silk	비단	silk	**씰크**
carton	풍자화, 만화	ka:rtn	**카아튼**
alike	서로 같은	əlaik	**얼라익**

단어	뜻	발음기호	한글발음
map	지도	mæp	맾
falcon	매	fælkən	뺄컨
general	육군 대장, (adj.) 일반적인	dʒenrəl	줴너뤌
provide	공급하다, 주다	prəvaid	프러바이드
experiment	실험, (v.) 실험하다	iksperimənt	익쓰페뤼먼트

Hawaii　　　　　　　　　　　　　　　　　　　　　　USA

단어	뜻	발음기호	한글발음
sharp	뾰족한	ʃa:rp	솨앞
ancestor	선조, 조상	ænsestə(r)	앤쎄스터
hate	미워하다	heit	헤잍
tour	여행, (v.) 여행하다	tʊr	투어
together	함께	təgeðə(r)	투게더

단어	뜻	발음기호	한글발음
require	요구하다, 필요로 하다	rikwaiə(r)	뤼콰이어
ditch	도랑, 배수구	ditʃ	디취
nation	나라	neiʃn	네이션
fantastic	환상적인, 이상한	fæntæstik	빤태스틱
toward	~ 쪽으로	təwɔ:rd	터워어드

Korea

frequent	자주 일어나는, 빈번한	fri:kwənt	쁘뤼퀀트
rat	쥐	ræt	뢥
floor	바닥	flɔ:(r)	쁠로오
dear	친애하는, 사랑스러운	dir	디어
deadly	죽을 정도로	dedli	데들리

단어	뜻	발음기호	한글발음
delicious	맛있는	diliʃəs	딜리쉬쓰
heal	고치다, 낫게 하다	hi:l	히을
stage	무대, 단계, (v.) (연극/공연 등을) 개최하다	steidʒ	스테이쥐
replace	~에 대신하다, 바꾸다	ripleis	뤼플레이스
cell	세포, 작은 방, 전지	sel	쎄을

Hawaii ──────────────────────── USA

severe	엄격한, 심각한	sivir	씨비어
slave	노예	sleiv	슬레이브
occur	발생하다	əkɜ:(r)	어커어
bless	축복하다	bles	블레쓰
proverb	속담	pra:vɜ:rb	프라버어브

Chunk set 48 ▸▸

단어	뜻	발음기호	한글발음
bone	가시, 뼈	boʊn	보운
bar	막대기, (v.) 막다	ba:(r)	바아
dictionary	사전	dikʃəneri	**딕쉬너뤼**
goat	염소	goʊt	고울
reserve	보존하다, 예약하다	rizɜ:rv	**뤼저어브**

Korea

단어	뜻	발음기호	한글발음
hold	잡다, 유지하다, (모임 등을) 열다, 개최하다(hold-held-held)	hoʊld	호울드
statue	조각상	stætʃu:	**스태츄우**
anything	어떤 것	eniθiŋ	**에니씽**
exercise	운동, (v.) 운동하다	eksərsaiz	**엑써싸이즈**
bright	빛나는, 밝은, 영리한	brait	브롸일

단어	뜻	발음기호	한글발음
weight	무게 중량, (v.) 무겁게 하다	weit	웨잍
engineer	기술자	endʒinir	엔쥐니어
decrease	감소, (v.) 감소하다, 줄이다	di:kris / (v.) dikri:s	디크리스 / (v.) 디크리스
other	다른, (n.) 다른 것	ʌðə(r)	어더
passenger	승객	pæsindʒə(r)	패신줘

Hawaii   USA

salt	소금	sɔ:lt	소올트
add	더하다, 추가하다	æd	애드
host	주인, 사회자, (v.) 주최하다	hoʊst	호우스트
reduce	(규모/크기/양 등을) 줄이다, 할인하다	ridu:s	뤼듀스
fortune	운, 행운	fɔ:rtʃu:n	뽀오츈

단어	뜻	발음기호	한글발음
goal	목표	goʊl	고울
resign	사직하다, 사임하다	rizain	뤼자인
access	접속하다, 접근하다, (n.) 접근권, 접근	ækses	액쎄쓰
eager	열망하는	iːgə(r)	이거
altogether	다같이, 함께	ɔːltəgeðə(r)	올투게더

Korea

anxiety	걱정, 근심	æŋzaiəti	앵자이어티
thermometer	온도계	θərmaːmitə(r)	써마미터
patient	인내심이 강한, (n.) 환자	peiʃnt	페이션트
stripe	줄무늬	straip	스트라잎
independent	독립의	indipendənt	인디펜던트

단어	뜻	발음기호	한글발음
garage	차고, (v.) 차고에 넣다	gəra:ʒ	거롸쥐
blackboard	칠판	blækbɔ:rd	블랙보드
infinite	무한한	infinət	인삐넽
critical	비평적인, 중대한	kritikl	크뤼티클
riddle	수수께끼	ridl	뤼들

Hawaii ——————————————————————— USA

단어	뜻	발음기호	한글발음
lettuce	양상추	letis	레티쓰
physical	물질적인, 육체의	fizikl	삐지클
tail	꼬리, (v.) 미행하다	teil	테일
balloon	풍선, 기구, (v.) 부풀다	bəlu:n	벌루운
future	미래	fju:tʃə(r)	쀼우춰

Chunk set 50 ▸▸

단어	뜻	발음기호	한글발음
famous	유명한	feiməs	뻬이머스
minor	중요치 않은, 소수의, (n.) (법률) 미성년자	mainə(r)	마이너
several	몇 사람의, 몇몇의	sevrəl	쎄브뤌
ready	준비된	redi	뤠디
travel	여행하다, (n.) 여행	trævl	트뤠블

Korea

develop	개발하다	diveləp	디벨렆
invent	발명하다	invent	인벤트
violence	폭력, 폭행	vaiələns	바이얼런스
resource	자원	ri:sɔːrs	뤼소오스
wake	깨우다(wake-woke-woken)	weik	웨익

단어	뜻	발음기호	한글발음
uniform	제복	juːnifɔːrm	유니뽀음
pack	꾸러미, (v.) 짐을 싸다	pæk	팩
nod	(머리를) 끄덕이다, (n.)끄덕임	naːd	나아드
frontier	국경, 국경지방	frʌntir	쁘뤈티어
sugar	설탕, (v.) 설탕을 넣다	ʃʊgə(r)	슈거

Hawaii ⸺✈︎⸺ USA

단어	뜻	발음기호	한글발음
stair	계단	ster	스테어
fact	사실	fækt	뻭트
along	~을 따라서	əlɔːŋ	얼롱
cousin	사촌	kʌzn	커즌
battle	전투, 싸움, (v.) 싸우다	bætl	배틀

Chunk set 51 ▸▸

단어	뜻	발음기호	한글발음
loose	풀린, 헐거운, (v.) 느슨하게 하다	luːs	루우스
tower	탑	taʊə(r)	타우어
thrust	쑤셔 넣다, 찌르다, (n.) 찌르기	θrʌst	쓰뤄스트
lose	패하다, 잃다	luːz	루우즈
example	예, 보기, 모범	igzæmpl	이그**잼**플

Korea

단어	뜻	발음기호	한글발음
crew	승무원, 팀, (v.) 승무원을 하다	kruː	크루
brain	두뇌, 뇌	brein	브뤠인
exchange	교환하다, 바꾸다, (n.) 교환, 맞바꿈	ikstʃeindʒ	익스**취**인쥐
primary	주요한, 초등교육의	praimeri	프**라**이메뤼
perhaps	아마도	pərhæps	퍼**햅**스

단어	뜻	발음기호	한글발음
tap	가볍게 두드리다, (n.) 수도꼭지, 두드리기	tæp	탭
liquid	액체의	likwid	리퀴드
town	작은 도시, 번화가	taʊn	타운
space	공간, 우주, (v.) 간격을 두다	speis	스페이쓰
remain	~인 채로 남아 있다	rimein	뤼메인

Hawaii   USA

grand	웅장한	grænd	그랜드
mild	부드러운, 순한	maild	마일드
fluent	유창한	flu:ənt	쁠루언트
mean	의미하다, (adj.) 못된(mean-meant-meant)	mi:n	미인
overhear	엿듣다	oʊvərhir	오우버히어

Chunk set 52 ▸▸

단어	뜻	발음기호	한글발음
beer	맥주	biːr	비어
supper	저녁 식사	sʌpə(r)	써퍼
beauty	아름다움, 미인	bjuːti	뷰우티
prepare	준비하다	pripær	프리패어
decide	결심하다	disaid	디싸이드

Korea

employ	고용하다	implɔi	임플로이
regulation	규칙	regjuleiʃn	뤠귤레이션
blood	피, 혈액	blʌd	블러드
touch	접촉하다, 만지다, (n.) 만지기, 촉각	tʌtʃ	터취
cart	손수레, (v.) 운반하다	kaːrt	카아트

단어	뜻	발음기호	한글발음
native	출생지의, (n.) 현지인	neitiv	네이티브
mistake	실수, (v.) 잘못 판단하다(mistake-mistook-mistaken)	misteik	미스테익
data	자료	deitə	데이터
tax	세금, (v.) 세금을 부과하다	tæks	택쓰
female	여성, 암컷, (adj.) 여성의	fi:meil	쀄이메일

Hawaii   USA

certain	확실한, 어떤, (n.) 어떤 사람들	sɜ:rtn	써튼
carry	나르다, 운반하다	kæri	캐뤼
wrinkle	주름, (v.) 주름을 잡다	riŋkl	륑클
secretary	비서	sekrəteri	쎄크러테뤼
low	낮은, (adv.) 낮게, (n.) 낮은 수준	loʊ	로우

Chunk set 53 ▸▸

단어	뜻	발음기호	한글발음
headache	두통	hedeik	헤드에익
regal	국왕의, 제왕의	ri:gl	뤼이글
detail	세부 사항	di:teil	디테일
instead	대신에	insted	인스테드
village	마을	vilidʒ	빌리쥐

Korea

thieve	훔치다	θi:v	씨이브
harvest	수확, 추수, (v.) 수확하다	ha:rvist	하아비스트
advertise	광고하다, 선전하다	ædvətaiz	애드버타이즈
impossible	불가능한	impa:səbl	임파서블
interesting	재미있는, 흥미로운	intrəstiŋ	인터뤠스팅

단어	뜻	발음기호	한글발음
holy	신성한, 성스러운	hoʊli	**호울리**
fan	부채, 선풍기, (v.) 부채질을 하다	fæn	뺀
anywhere	어디에도	eniwer	**에니웨어**
attend	~에 출석하다, 참석하다	ətend	**어텐드**
below	~의 아래에	biloʊ	**빌로우**

Hawaii ───────────────────────────────── USA

단어	뜻	발음기호	한글발음
heel	뒤꿈치, (v.) 굽을 수선하다	hi:l	히을
safe	안전한, (n.) 금고	seif	세이쁘
swear	맹세하다, 선서하다(swear-swore-sworn)	swer	스웨어
flood	홍수, (v.) 범람시키다	flʌd	쁠러드
sad	슬픈	sæd	새드

Chunk set 54 ▸▸

단어	뜻	발음기호	한글발음
memory	기억	meməri	메머뤼
clap	철썩 때리다, 박수를 치다, (n.) 박수	klæp	클랩
disease	병, 질병	dizi:z	디지즈
pronunciation	발음	prənʌnsieiʃn	프러넌시에이션
indoor	실내의	indɔ:(r)	인도어

Korea

planet	행성	plænit	플래닡
forever	영원히, 언제나	fərevə(r)	쁘뤠버
husband	남편	hʌzbənd	허즈번드
lean	기대다, 기울다, (adj.) 군살이 없는	li:n	리인
strike	치다, 일격을 가하다, (n.) 파업, 공격(strike-struck-stricken/struck)	straik	스트롸익

단어	뜻	발음기호	한글발음
fault	결점, 과실, 잘못, (v.) 나무라다	fɔ:lt	뽀올트
peninsula	반도	pəninsələ	퍼닌슐러
destination	목적지, 목적, 목표	destineiʃn	데스티네이션
destroy	파괴하다	distrɔi	디스트로이
forward	앞으로	fɔ:rwərd	뽀오워드

Hawaii ──────────────────────────────── **USA**

단어	뜻	발음기호	한글발음
compose	구성하다, 작곡하다	kəmpoʊz	컴포우즈
principle	원리, 원칙	prinsəpl	프린서플
instruct	가르치다, 교육하다	instrʌkt	인스트뤽트
neither	~ 쪽도 아니다	niðə(r)	니더
breathe	호흡하다	bri:ð	브뤼드

단어	뜻	발음기호	한글발음
count	세다, 계산하다, (n.) 셈, 계산	kaʊnt	카운트
grocery	식료품류, 식품점	groʊsəri	그로우서뤼
ahead	앞으로, 앞에	əhed	어헤드
someone	누군가, 어떤 사람	sʌmwʌn	썸원
command	명령하다, (n.) 명령	kəmænd	커맨드

Korea

closet	벽장	kla:zət	클라아짙
country	시골, 나라	kʌntri	컨트리
label	꼬리표, 딱지, (v.) (상표)를 붙이다	leibl	레이블
nearby	가까운	nirbai	니어바이
neighbor	이웃	neibər	네이버

단어	뜻	발음기호	한글발음
job	일, 직무, 직업	dʒɑ:b	좌압
district	구역, 지역	distrikt	디스트뤽트
unusual	이상한	ʌnjuːʒuəl	언유우쥘
tradition	전통	trədiʃn	트뤄디션
niece	조카딸 (nephew : 조카아들)	niːs	니이스

Hawaii ──────────────── USA

possible	가능한	pɑːsəbl	파서블
twin	쌍둥이, (v.) (두 사람/사물을 긴밀히) 결부시키다	twin	트윈
downtown	중심가	daʊntaʊn	다운타운
bite	물다, (n.) 물기(bite-bit-bitten)	bait	바잍
reputation	평판	repjuteiʃn	뤠퓨테이션

Chunk set 56 ▸▸

단어	뜻	발음기호	한글발음
produce	생산하다	prədu:s	프러듀스
express	표현하다, 발표하다	ikspres	익쓰프뤠쓰
bother	괴롭히다, (n.) 성가심	ba:ðə(r)	바아더
pardon	용서하다, (n.) 용서	pa:rdn	파아든
idle	게으른	aidl	아이들

Korea

prove	입증하다	pru:v	프루우브
assume	추정하다, 생각하다	əsu:m	어쑴
quick	빠른	kwik	퀵
delay	연장하다, (n.) 연기	dilei	딜레이
failure	실패	feiljə(r)	뻬일려

단어	뜻	발음기호	한글발음
comparison	비교	kəmpærisn	컴패리즌
flag	깃발, (v.) 표시를 하다	flæg	쁠래그
desert	사막, (v.) 버리다	dezərt / (v.) disert	데져트 / (v.) 디져트
umbrella	우산	ʌmbrelə	엄브뤨러
half	반, 절반	hæf	해쁘

Hawaii —————————————————— USA

단어	뜻	발음기호	한글발음
handicap	신체장애, (v.) 불리하게 만들다	hændikæp	핸디캪
cost	가격, (v.) (값/비용이) 들다(cost-cost-cost)	kɔːst	코오스트
insist	주장하다	insist	인씨스트
agriculture	농업, 농사	ægrikʌltʃə(r)	애그리컬춰
evergreen	상록수	evərgriːn	에버그륀

단어	뜻	발음기호	한글발음
male	남자, 수컷, (adj.) 남자의	meil	메일
bored	지루한, 지루하게 된	bɔːrd	보오드
intend	~할 작정이다	intend	인텐드
earn	벌다	ɜːrn	어언
farm	농장, (v.) 농사를 짓다	faːrm	빠암

Korea

cube	입방체, 정육면체, 세제곱, (v.) 세제곱하다, 네모로 썰다	kjuːb	큐브
thumb	엄지손가락, (v.) 엄지손가락으로 건드리다	θʌm	썸
draw	끌다, 당기다, 그리다, (n.) 추첨	drɔː	드로오
anymore	더 이상 ~ 않다 (not과 함께)	enimor	에니모어
sigh	한숨, (v.) 한숨 쉬다	sai	사이

단어	뜻	발음기호	한글발음
cross	가로지르다, (n.) X표, 십자, 십자가	krɔ:s	크로쓰
import	수입하다, (n.) 수입	impɔ:rt	**임포오트** / (n.) **임포오트**
scream	소리치다, (n.) 비명	skri:m	스크뤼임
vinegar	식초	vinigə(r)	**비니거**
path	보도	pæθ	패쓰

Hawaii ⟶ **USA**

term	기간, 학기, 용어, 말	tɜ:rm	터엄
accident	사고, 사건	æksidənt	**액시던트**
leap	뛰다, 급증하다, (n.) 도약, 급증	li:p	리잎
pride	자존심	praid	프라이드
boredom	지루함	bɔ:rdəm	**보오덤**

Chunk set 58 ▸▸

단어	뜻	발음기호	한글발음
strength	힘, 세기	streŋθ	스트렝쓰
hang	목매달다(hang-hanged-hanged), 걸다(hang-hung-hung), (n.) 걸대	hæŋ	행
sink	가라앉다, 침몰하다(sink-sank-sunk)	siŋk	씽크
trouble	골칫거리, 문제, (v.) 괴롭히다	trʌbl	트뤄블
symbol	상징	simbl	씸블

Korea

mend	수선하다, 개선하다	mend	멘드
friendship	우정, 교우 관계	frendʃip	쁘뤤드쉽
spell	철자를 말하다, (n.) 주문	spel	스페을
fat	살찐, (n.) 지방	fæt	뺄
bark	짖다, (n.) 짖는 소리	ba:rk	바아크

단어	뜻	발음기호	한글발음
probable	있음직한	praːbəbl	프라버블
surface	표면, 수면, 외관	sɜːrfis	써어삐스
restore	회복시키다, 복구하다	ristɔː(r)	뤼스토오
tale	이야기, 소설	teil	테일
public	대중, (adj.) 공공의	pʌblik	퍼블릭

Hawaii ──────────────────────────── USA

hay	건초	hei	헤이
recognize	알아차리다, 깨닫다	rekəgnaiz	뤠커그나이즈
hardship	고난	haːrdʃip	하아드쉽
charge	책임, 비난, (v.) (의무/세금 등을) 지우다	tʃaːrdʒ	촤아쥐
extent	범위, 정도, 넓이	ikstent	익쓰텐트

단어	뜻	발음기호	한글발음
chase	쫓다, 추적하다, (n.) 추적	tʃeis	췌이스
anthem	성가, (v.) 찬송하다	ænθəm	앤썸
contrary	반대의	ka:ntreri	컨트뤄뤼
root	뿌리, 근원, (v.) 뿌리를 내리다	ru:t	루울
dive	잠수하다, (n.) (물 속으로) 뛰어들기	daiv	다이브

Korea

audience	청중	ɔ:diəns	오디언스
chest	가슴, (나무로 만든) 상자	tʃest	췌스트
disorder	무질서, 혼란, (신체 기능의) 이상	disɔ:rdə(r)	디스오더
magazine	잡지	mægəzi:n	매거쥐인
full	충분한	fʊl	뿌을

단어	뜻	발음기호	한글발음
course	과정, 강의, 항로	kɔːrs	코오스
above	위쪽에	əbʌv	어**버**브
chimney	굴뚝	tʃimni	췸니
attract	끌다, 매혹하다	ətrækt	어트**뢕**트
describe	묘사하다, 설명하다	diskraib	디스크**롸**이브

✈
Hawaii ⭕━━━━━━━━━━━━━━━━━━━━━━━⭕ USA

press	누르다, (n.) 신문, 언론	pres	프레스
force	힘, (v.) 억지로 시키다	fɔːrs	뽀오쓰
defeat	쳐부수다, 패배시키다, (n.) 패배	difiːt	디**삐**이트
background	배경	bækgraʊnd	**백**그롸운드
make	만들다, ~이 되다, (n.) 제품(make-made-made)	meik	메읶

Chunk set 60 ▸▸

단어	뜻	발음기호	한글발음
promise	약속, (v.) 약속하다	pra:mis	프라미스
cent	1센트	sent	쎈트
nickname	별명, (v.) 별명을 붙이다	nikneim	닉네임
disappoint	실망시키다	disəpɔint	디스어**포**인트
sum	합계	sʌm	썸

Korea

central	중심의, 중앙의	sentrəl	쎈트럴
trash	쓰레기, (v.) 엉망으로 만들다	træʃ	트뤠쉬
feather	깃털	feðə(r)	뻬더
problem	문제, (adj.) 문제를 일으키는	pra:bləm	프라블럼
heavy	무거운	hevi	헤비

단어	뜻	발음기호	한글발음
trader	상인	treidə(r)	트뤠이더
guess	추측하다, (n.) 추측	ges	게스
sound	소리, (v.) ~처럼 들리다	saʊnd	싸운드
belong	~에게 속하다	bilɔːŋ	비롱
religion	종교	rilidʒən	륄리젼

Hawaii ───────────────────────────── **USA**

silence	침묵, (v.) 조용히 하게 하다	sailəns	싸일런쓰
continent	대륙, 육지	kaːntinənt	칸티넌트
plenty	많은, 풍부한, (n.) 풍요로움, (adv.) 많이	plenti	플렌티
piece	조각	piːs	피이스
cruel	잔인한	kruːəl	크루얼

TOUCH VOCA

Chunk set	1 - 20
Chunk set	21 - 40
Chunk set	41 - 60
Chunk set	61 - 81

Chunk set 61 ▸▸

단어	뜻	발음기호	한글발음
math	수학	mæθ	**매쓰**
opinion	의견	əpinjən	어피니언
reach	도착하다, (n.) (세력/영향력 등의) 범위	ri:tʃ	리이취
bottom	맨 아래, 바닥, (adj.) 맨 아래쪽에	ba:təm	**바아텀**
declare	선언하다	dikler	디클레어

Korea

whistle	호루라기, (v.) 휘파람을 불다	wisl	**위슬**
treat	대접하다, 다루다, 대하다, (n.) (특별한) 대접	tri:t	트뤼일
hesitate	망설이다	heziteit	**헤지테잇**
daily	매일의, 날마다의	deili	**데일리**
harbor	항구, 피난처, (v.) 항구에 정박 시키다, 숨겨 주다	ha:rbər	**하아버**

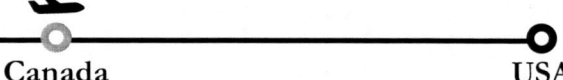

단어	뜻	발음기호	한글발음
cock	수탉	kaːk	카악
under	~의 아래에	ʌndə(r)	언더
type	유형, 종류, (v.) (컴퓨터로) 타자 치다	taip	타잎
devote	헌신하다, 바치다	divout	디보울
lunar	달의, 음력의	luːnə(r)	루우너

Canada   USA

stare	빤히 쳐다보다, 응시하다, (n.) 빤히 쳐다보기	ster	스테어
however	그러나	haʊevər	하우에버
seed	씨, (v.) 씨앗을 뿌리다	siːd	씨이드
branch	나뭇가지, 분점, (v.) (둘 이상으로) 갈라지다	bræntʃ	브뤤취
limit	한계, (v.) 제한하다	limit	리밑

Chunk set 62 ▸▸

단어	뜻	발음기호	한글발음
wrap	싸다, 포장하다, (n.) 포장지	ræp	뢥
sweat	땀, (v.) 땀을 흘리다	swet	스웻
pick	선택하다, (n.) 고르기, 선택	pik	픽
drug	약, 마약, (v.) 약물을 투여하다	drʌg	드럭
amount	양, 총액, (v.) 총계가 ~에 이르다	əmaunt	어**마**운트

Korea

leaf	잎	li:f	리이쁘
though	비록 ~이지만 (뒤에 '구'가 아닌, '절'이 옴)	ðoʊ	도우
journey	여행, (v.) 여행하다	dʒɜ:rni	**줘**어니
object	물건, 목표, (v.) 반대하다	a:bdʒekt / (v.) əbdʒekt	**아**압줵트 / (v.) 어브**줵**트
fellow	동무, 친구, (adj.) 동료의	feloʊ	**뻴**로우

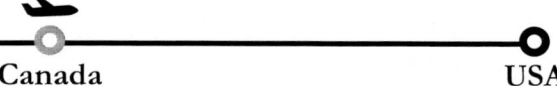

단어	뜻	발음기호	한글발음
luck	행운	lʌk	럭
stomach	위, (v.) 먹을 수 있다, 견디다	stʌmək	스터먹
score	점수, 득점, 20, (v.) 득점을 올리다	skɔː(r)	스코어
endure	견디다, 참다	indʊr	인듀어
noise	소음	nɔiz	노이즈

Canada   USA

pair	한 쌍	pær	패어
evidence	증거	evidəns	에비던스
measure	측정하다, (n.) 치수, 방법(measures)	meʒə(r)	메줘
responsibility	책임, 의무	rispaːnsəbiləti	뤼스판서빌러티
grief	슬픔, 비탄	griːf	그뤼잎

Chunk set 63 ▸▸

단어	뜻	발음기호	한글발음
bow	활, (v.) 인사하다	bou / (v.) bau	보우 / (v.) 바우
almost	거의	ɔːlmoʊst	올모우스트
teenager	10대 소년	tiːneidʒə(r)	티인에이줘
effective	효과적인	ifektiv	이뻭티브
stay	머무르다, (n.) 머무름	stei	스테이

Korea

fate	운명	feit	뻬일
prefer	~을 더 좋아하다	prifɜː(r)	프리뻐
become	~이 되다, 어울리다	bikʌm	비컴
reply	응답, (v.) 대답하다	riplai	뤼플라이
license	면허, 허가, (v.) 허가하다	laisns	라이슨스

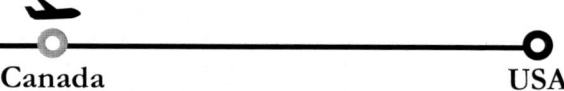
단어	뜻	발음기호	한글발음
doll	인형	da:l	도을
account	계산, 설명(하다)	əkaʊnt	어카운트
impact	충돌, 충격, 영향, (v.) 충격을 주다	impækt	임팩트
seldom	거의 ~하지 않다	seldəm	쎌덤
hero	영웅	hiroʊ	히로우

Canada   USA

단어	뜻	발음기호	한글발음
machine	기계, (v.) ~을 기계로 만들다	məʃi:n	머쉬인
wild	야생의, 사나운, (n.) 자연	waild	와일드
sand	모래, (v.) 사포로 닦다	sænd	샌드
finale	대단원	finæli	삐낼리
slide	미끄러지다, 하락하다, (n.) 미끄러짐, 하락(slide-slid-slid/slidden)	slaid	슬라이드

Chunk set 64 ▸▸

단어	뜻	발음기호	한글발음
simple	간단한, 평범한	simpl	**씸플**
height	높이, 고도	hait	하읻
prize	상품, 상금, (adj.) 상을 받을 만한, (v.) 소중하게 여기다	praiz	프라이즈
beg	간청하다, 구걸하다	beg	벡
obey	복종하다, 순종하다	əbei	어**베**이

Korea

lot	제비뽑기, 많음, (adj.) 많은, (adv.) 대단히	la:t	라앋
current	물살, 흐름, (adj.) 현재의	kɜːrənt	**커**런트
explore	탐험하다	iksplɔː(r)	익쓰플로오
marry	결혼하다, (n.) 결혼	mæri	**매**뤼
coal	석탄	koʊl	코울

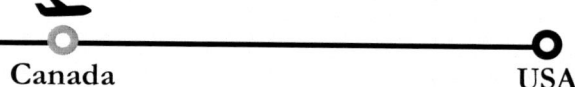

단어	뜻	발음기호	한글발음
especially	특별히	ispeʃəli	이스**페**셜리
mind	마음, (v.) 꺼리다	maind	마인드
fall	떨어지다, (n.) 넘어짐, 하락, 가을, 폭포	fɔ:l	뽀을
beast	짐승	bi:st	비이스트
bottle	병, (v.) 병에 담다	ba:tl	**바**아틀

Canada — USA

단어	뜻	발음기호	한글발음
wait	기다리다, (n.) 기다림	weit	웨잍
suffer	괴로워하다	sʌfə(r)	**써**뻐
furniture	가구	fɜ:rnitʃə(r)	**뻐**어니춰
bake	굽다	beik	베잌
waste	낭비하다, (n.) 낭비	weist	웨이스트

Chunk set 65 ▸▸

단어	뜻	발음기호	한글발음
combine	결합시키다	kəmbain	컴바인
relieve	구제하다, 덜어주다, 안도하게 하다	rili:v	륄리브
textbook	교과서	tekstbʊk	**텍스트북**
wide	넓은, (adv.) 완전히	waid	와이드
author	저자, 작가	ɔ:θə(r)	**오**써

Korea

often	자주	ɔ:fn	**오**쁜
influenza	독감	influenzə	인쁠루**엔**저
both	둘 다(의)	boʊθ	보우쓰
gray	회색, (adj.) 회색의	grei	그뤠이
grain	곡물	grein	그뤠인

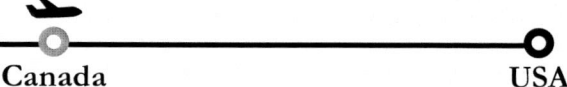
단어	뜻	발음기호	한글발음
fill	채우다	fil	삐을
anybody	누군가	enibadi	**에니바디**
regret	후회, (v.) 후회하다	rigret	**뤼글렡**
admit	인정하다, 시인하다	ədmit	어드밑
ticket	표, (v.) 표를 발행하다	tikit	**티킽**

Canada ✈ USA

divide	나누다, 쪼개다	divaid	디**바**이드
bike	자전거, 오토바이	baik	바이크
beyond	~의 저쪽에, ~을 넘어	bija:nd	비**얀**드
sheep	양 (복수형 : sheep)	ʃi:p	쉬잎
turtle	거북이	tɜ:rtl	**터**어틀

Chunk set 66 ▶▶

단어	뜻	발음기호	한글발음
Buddhist	불교도	buːdist	부디스트
noble	고결한, 귀족의	noʊbl	노우블
further	(정도가) 더한 (far의 비교급)	fɜːrðə(r)	뻐어더
advise	조언하다	ədvaiz	어드**바**이즈
rod	막대, 지팡이	raːd	롸압

Korea

elementary	초보의, 기본적인	elimentri	엘리**멘**트뤼
trace	자취, (v.) 추적하다	treis	트뤠이쓰
scare	겁주다, (n.) 불안	sker	스케어
sick	아픈, 메스꺼운	sik	씩
pea	완두콩	piː	피이

단어	뜻	발음기호	한글발음
relate	관련시키다	rileit	륄레일
shade	그늘, 음영, (v.) 그늘지게 하다	ʃeid	쉐이드
paint	페인트, (v.) 그림을 그리다	peint	페인트
equal	같은 동등한, (n.) 동등한 사람, (v.) (수/양/가치 등이) 같다	i:kwəl	이쿠얼
apologize	사과하다	əpa:lədʒaiz	어팔러좌이즈

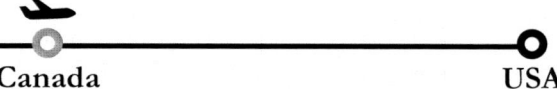

Canada ———————————————— USA

cabbage	양배추	kæbidʒ	캐비쥐
lift	들어 올리다, 올리다, (n.) 오르기, 엘리베이터	lift	리쁘트
result	결과, 성과, (v.) (~의 결과로) 발생하다	rizʌlt	뤼절트
airport	공항	erpɔ:rt	에어포트
set	두다, 놓다, (n.) (두 개 이상의 물건으로 된) 한 조(set-set-set)	set	쎌

Chunk set 67 ▸▸

단어	뜻	발음기호	한글발음
period	기간, 시기, 생리, (adj.) 시대의, 시대적인	piriəd	피뤼어드
thread	실, (v.) (실 등을) 꿰다	θred	쓰뤠드
repeat	되풀이하다	ripi:t	뤼피일
escape	달아나다, (n.) 탈출	iskeip	이스케잎
pour	따르다, 붓다	pɔ:(r)	포

Korea

respond	대답하다, 응답하다	rispa:nd	뤼스파안드
drag	(힘들여) 끌다, (n.) 지겨운 사람	dræg	드뤠그
atom	원자	ætəm	애텀
traffic	교통, 교통량	træfik	트뤠삑
giraffe	기린	dʒəræf	쥐래쁘

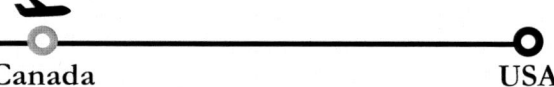
단어	뜻	발음기호	한글발음
spill	엎지르다, 흘리다, (n.) 유출(spill-spilt/spilled-spilt/spilled)	spil	스피을
lovely	사랑스러운	lʌvli	러블리
crowd	군중, (v.) 가득 메우다	kraʊd	크롸우드
German	독일의, (n.) 독일인, 독일어	dʒɜ:rmən	쭤어먼
castle	성	kæsl	캐슬

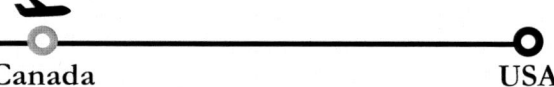

Canada   USA

rectangle	직사각형	rektæŋgl	렉탱글
mission	임무, 직무, 전도	miʃn	미쎤
windmill	풍차	windmil	윈드미을
argue	논쟁하다	a:rgju:	알규
zone	지대, 지역, (v.) (특정한 목적을 위한) 지역으로 정해 두다	zoʊn	조운

단어	뜻	발음기호	한글발음
roll	구르다, 회전하다, (n.) 구르기, 두루마리, 둥근 빵	roʊl	로울
harm	손해, 손상, (v.) 해를 끼치다	ha:rm	하암
reason	이유, 동기, 이성, (v.) (논리적인 근거에 따라) 판단하다, 사고하다	ri:zn	**뤼**이즌
shuttle	왕복하다, (n.) 왕복 운행	ʃʌtl	**쉬**틀
office	사무실	ɔ:fis	**오**삐스

Korea

단어	뜻	발음기호	한글발음
chop	자르다, 팍팍 찍다, (n.) (도끼나 칼로) 내리치기	tʃa:p	촤앞
sheet	(종이) 한 장, 시트(침대에 까는 얇은 천)	ʃi:t	쉬잍
wagon	마차	wægən	**웨**건
mayor	시장	meiər	**메**이어
solar	태양의	soʊlə(r)	**쏘**울러

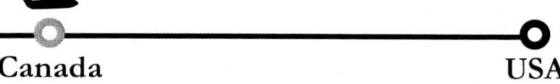

단어	뜻	발음기호	한글발음
guest	손님, 단골, (v.) 게스트로 참여하다	gest	게스트
thought	생각하기, 생각	θɔ:t	쏘오트
chick	병아리	tʃik	췩
bath	목욕, 욕조, (v.) 목욕시키다	bæθ	배쓰
arrest	체포하다, (n.) 체포	ərest	어뤠스트

Canada USA

단어	뜻	발음기호	한글발음
increase	증가하다, (n.) 증가	inkri:s	인크뤼이스 / (n.) **인크뤼이스**
precious	귀중한, 값비싼	preʃəs	프뤠셔스
graduate	졸업하다	grædʒuət	그뢔쥬얼
owl	올빼미	aʊl	아울
get	얻다, ~을 당하다, ~이 되다(get-got-gotten/got)	get	겟

단어	뜻	발음기호	한글발음
powder	가루, (v.) 파우더를 바르다	paʊdə(r)	**파우더**
clean	깨끗한, (v.) 청소하다	kli:n	클리인
honor	명예, (v.) 존경하다, 예배하다	anər	**아너**
pigeon	비둘기	pidʒən	**피쥔**
normal	정상의, 보통의	nɔ:rml	**노오믈**

Korea

fever	열, 열병	fi:və(r)	**삐이버**
steal	훔치다, (n.) (야구에서) 도루(steal-stole-stolen)	sti:l	스티을
pulse	맥박, 진동, (v.) 맥박 치다, 고동치다	pʌls	펄스
event	사건, 행사, 경기	ivent	이벤트
address	주소, 연설, (v.) 주소를 쓰다, 연설하다	ædres / (v.) ədres	**애드레쓰** / (v.) 어드레쓰

단어	뜻	발음기호	한글발음
century	1세기	sentʃəri	쎈춰뤼
demand	요구하다, 요청하다, (n.) 요구, 수요	dimænd	디맨드
persuade	설득하다	pərsweid	퍼스웨이드
population	인구, 주민	pa:pjuleiʃn	파퓰레이션
source	근원, 원천, (v.) (특정한 곳에서 무엇을) 얻다	sɔ:rs	쏘오쓰

Canada   USA

care	조심, 돌봄, (v.) 배려하다, 관심을 가지다	ker	케어
sparrow	참새	spæroʊ	스패로우
trust	신용하다, (n.) 신용	trʌst	트뤄스트
ignore	무시하다	ignɔ:(r)	이그노어
special	특별한, (n.) 특별한 것	speʃl	스페셔을

단어	뜻	발음기호	한글발음
focus	초점, (v.) 집중시키다	foʊkəs	**뽀**우커스
society	사회	səsaiəti	서**싸**이어티
than	~에 비하여	ðən	댄
metal	금속	metl	**메**틀
envious	시기심이 강한	enviəs	**엔**비어스

Korea

단어	뜻	발음기호	한글발음
feed	먹이를 주다, (n.) 먹이	fi:d	삐이드
wall	벽, 담, (v.) 담으로 에워싸다	wɔ:l	우올
permanent	영구적인, 영속하는	pɜ:rmənənt	**퍼**어머넌트
medium	중간의, (n.) 매체(복수형 : media), 도구	mi:diəm	**미**이디엄
among	~의 사이에	əmʌŋ	어**멍**

단어	뜻	발음기호	한글발음
wipe	닦다, 씻다, (n.) 닦기, 물수건	waip	와잎
pollution	오염	pəluːʃn	펄루션
settle	해결하다, 정착하다	setl	쎄틀
match	성냥, 시합, (v.) 어울리다, 필적하다	mætʃ	매취
vegetable	야채	vedʒtəbl	베쥐터블

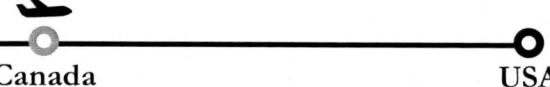

Canada   USA

sentimental	감상적인	sentimentl	쎈티멘틀
daughter	딸	dɔːtə(r)	도오터
cloud	구름, (v.) 흐려지다	klaʊd	클라우드
generous	관대한, 너그러운	dʒenərəs	�줴너뤄스
unlike	같지 않은, 다른	ʌnlaik	언라익

Chunk set 71 ▸▸

단어	뜻	발음기호	한글발음
cool	시원한, (v.) 식다	ku:l	쿠울
view	봄, 경치, 견해, (v.) (~라고) 여기다, 둘러보다	vju:	뷰우
bay	만, (v.) 으르렁거리다	bei	베이
function	기능, (v.) 작용하다	fʌŋkʃn	뻥션
fresh	신선한	freʃ	쁘레쉬

Korea

conflict	투쟁, 싸움	ka:nflikt	칸쁠릭트
nephew	조카 (아들) (niece : 조카 (딸))	nefju	네쀼
appetite	식욕, 욕망	æpitait	애피타잍
fable	우화, 옛 이야기	feibl	뻬이블
clear	맑은, 깨끗한, 분명한, (v.) 맑아지다	klir	클리어

단어	뜻	발음기호	한글발음
square	정사각형, 광장, 제곱 (adj.) 정사각형 모양의, (v.) 네모지게 만들다, 제곱하다	skwer	스퀘어
automobile	자동차	ɔ:təməbi:l	**오**터머비을
rough	거친, 대략의	rʌf	러쁘
dental	이의, 치과의	dentl	**덴**틀
railroad	철도	reilrovd	레일로우드

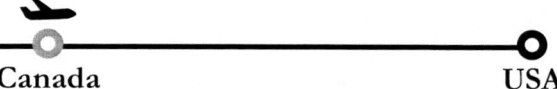

Canada   USA

peach	복숭아, (adj.) 복숭아색의	pi:tʃ	피이취
mate	동료, (v.) 짝짓기를 하다	meit	메잍
dig	파다, (n.) 발굴(dig-dug-dug)	dig	딕
biology	생물학	baia:lədʒi	바이**아**러쥐
since	~ 이래	sins	씬쓰

Chunk set 72 ▸▸

단어	뜻	발음기호	한글발음
millionaire	백만장자	miljəner	밀려네어
speech	연설, 말	spi:tʃ	스피이취
citizen	시민, 주민	sitizn	씨티즌
section	부분, 구획, 부품	sekʃn	쎅션
danger	위험	deindʒə(r)	데인줘

Korea

treasure	보물	treʒə(r)	트뤠줘
French	프랑스의, 프랑스인의, (n.) 프랑스어	frentʃ	쁘뤤취
spirit	정신, 영혼	spirit	스피뤼잇
nut	견과, 암나사	nʌt	넡
popular	대중적인, 인기 있는	pa:pjələ(r)	파아펴러

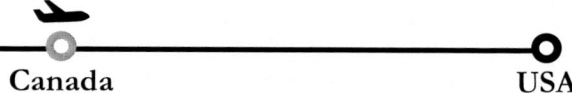
단어	뜻	발음기호	한글발음
except	~을 제외하고	iksept	익쎕트
hit	때리다, (n.) 치기, 히트(hit-hit-hit)	hit	힡
vacation	방학, 휴가	veikeiʃn	베이케이션
classroom	교실	klæsru:m	클래쓰루움
fountain	분수, 원천	faʊntn	빠운튼

Canada   USA

invite	초대하다	invait	인바잍
bowl	사발, 그릇	boʊl	보울
profit	이익, 이득, (v.) 이익을 얻다	pra:fit	프라삣
emigrant	이주민, 이민	emigrənt	에미그뤈트
relay	교대자, (v.) 전달하다	ri:lei	륄레이

단어	뜻	발음기호	한글발음
structure	구조, 구조물, (v.) 조직하다	strʌktʃə(r)	스트뤡춰
suburb	교외(도심을 벗어난 곳)	sʌbɜːrb	써버어브
depress	우울하게 하다	dipres	디프뤠쓰
blow	(바람이) 불다, (입으로) 불다, (n.) 세게 때림(blow-blew-blown)	bloʊ	블로우
election	선거, (선거에서의 당선)	ilekʃn	일렉션

Korea

volunteer	지원자, 자원봉사자	vaːləntir	발런**티**어
lack	부족, 결핍, (v.) 모자라다	læk	랙
bubble	거품, (v.) 거품이 일다	bʌbl	버블
direct	직접적인, (v.) 지시하다	dərekt	디뤡트
princess	공주	prinses	프린쎄스

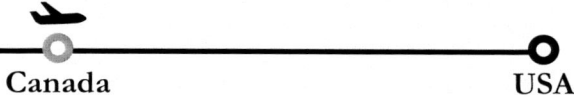

단어	뜻	발음기호	한글발음
chopstick	젓가락	tʃɑːpstik	촾앞스틱
present	현재의, (n.) 선물, (v.) 주다	preznt / (v.) prizent	프레즌트 / (v.) 프리젠트
fix	고정시키다, 수리하다, (n.) 해결책	fiks	삑쓰
date	날짜, 약속, 데이트, (v.) 날짜를 적다, 데이트를 하다	deit	데잍
send	보내다, 발송하다(send-sent-sent)	send	쎈드

Canada   USA

단어	뜻	발음기호	한글발음
then	그때, 그러면, 그러고 나서	ðen	덴
intimate	친밀한, (v.) 넌지시 알리다	intimət	인티멑
upstairs	위층에	ʌpsterz	엎스테어즈
potato	감자	pəteitoʊ	퍼테이토우
subway	지하철	sʌbwei	썹웨이

Chunk set 74 ▸▸

단어	뜻	발음기호	한글발음
sudden	갑작스러운	sʌdn	써든
urgent	긴급한	ɜːrdʒnet	어줜트
donkey	당나귀	daːŋki	**동키**
politician	정치가	paːlətiʃn	팔러**티션**
seem	~처럼 보이다	siːm	씨임

Korea

diary	일기	daiəri	**다**이어뤼
thick	두꺼운, (adv.) 두껍게	θik	씩
flat	평평한, 납작한, 펑크 난, (adv.) 평평하게, (n.) 평평한 부분, 아파트식 주거지	flæt	쁠랱
wink	윙크하다, (n.) 윙크	wʌŋk	윙크
remind	생각나게 하다	rimaind	뤼**마**인드

단어	뜻	발음기호	한글발음
pork	돼지고기	pɔ:rk	포옥
cash	현금, (v.) 수표를 현금으로 바꾸다	kæʃ	캐쉬
behave	행동하다, (n.) 행동	biheiv	비헤이브
associate	교제하다, 관계하다	əsoʊsieit	어쏘우씨에잍
feast	잔치, 축제, (v.) (즐겁게) 맘껏 먹다	fi:st	삐이스트

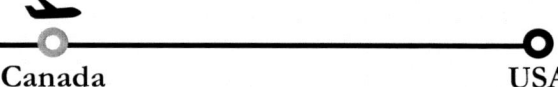

Canada   USA

단어	뜻	발음기호	한글발음
do	~을 하다, 충분하다(자동사로 쓰일 때)(do-did-done)	du	두
novel	소설, (adj.) 새로운	na:vl	나아블
balance	균형, (v.) 균형잡다	bæləns	밸런쓰
spot	점, 얼룩, (v.) 알아채다	spa:t	스팥
trap	덫, 올가미, (v.) 덫을 놓다	træp	트뢮

단어	뜻	발음기호	한글발음
schedule	일정, 스케줄, (v.) 일정을 잡다	skedʒ:ul	스케쥬을
mostly	대개는	moʊstli	모우스틀리
envelope	봉투	envəloʊp	엔벌로웊
pretend	~인 척하다, (adj.) 가짜의	pritend	프리텐드
instrument	기구, 도구, 악기	instrəmənt	인스트러먼트

Korea

rust	부식시키다, (n.) 녹	rʌst	뤄스트
hop	뛰다, (n.) 깡충 뛰기	ha:p	하앞
enjoy	즐기다	indʒɔi	인죠이
glory	영광	glɔ:ri	글로오뤼
neat	산뜻한, 깔끔한	ni:t	니잍

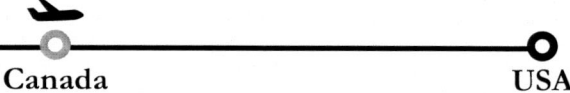

단어	뜻	발음기호	한글발음
fare	운임, 요금	fer	뻬어
wander	헤매다, 떠돌다, (n.) (잠깐 동안 이리저리) 거닐기	wa:ndə(r)	완더
holiday	휴가, 휴일, (v.) 휴가를 보내다	ha:lədei	하알러데이
task	일, 임무, (v.) (~에게) 과제를 맡기다	tæsk	태스크
law	법률, 규칙	lɔ:	로오

Canada   USA

단어	뜻	발음기호	한글발음
loosen	풀다, 느슨하게 하다	lu:sn	루우슨
route	길, 노선, (v.) (특정한 루트를 따라) 보내다	ru:t	루웉
improve	향상시키다	impru:v	임프루우브
beach	해변, (v.) 바닷가로 가져오다	bi:tʃ	비이취
proud	자랑스러운	praʊd	프라우드

단어	뜻	발음기호	한글발음
hungry	배고픈	hʌŋgri	**헝그뤼**
reject	거절하다, 퇴짜 놓다, (n.) 불량품	ridʒekt	**뤼젝트**
extra	여분의 것, (adj.) 추가의, (adv.) 추가로	ekstrə	**엑쓰트뤄**
frog	개구리	frɔ:g	**쁘로오그**
obtain	얻다	əbtein	**어브테인**

Korea

cook	요리하다, (n.) 요리사	kʊk	**쿡**
foolish	어리석은	fu:liʃ	**뿌을리쉬**
company	동료, 친구, 회사, (군대의) 중대	kʌmpəni	**컴퍼니**
swing	흔들리다, 흔들다, (n.) 흔들기, 그네(swing-swung-swung)	swiŋ	**스윙**
introduce	소개하다	intrədu:s	**인트러듀스**

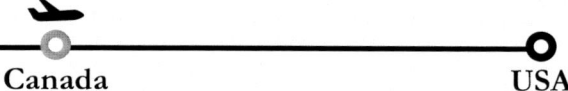

단어	뜻	발음기호	한글발음
pond	연못	pa:nd	파안드
compare	비교하다, 비유하다	kəmper	컴페어
mobile	움직이기 쉬운, 이동식의, (n.) 휴대폰	moʊbl	모우블
nor	~도 또한 않다	nɔ:(r)	노어
evil	나쁜, 사악한, (n.) 악, 유해물	i:vl	이블

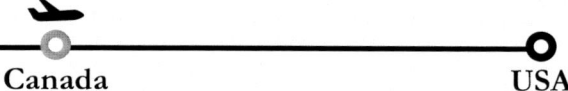

Canada   USA

단어	뜻	발음기호	한글발음
spread	퍼뜨리다, (n.) 확산, 전파(spread-spread-spread)	spred	스프뤠드
beside	~와 나란히, ~의 옆에	bisaid	비싸이드
create	창조하다, 만들어내다	krieit	크뤼에잍
crash	충돌, (v.) 충돌하다	kræʃ	크뢔쉬
hard	단단한, 어려운, (adv.) 열심히	ha:rd	하아드

Chunk set 77 ▸▸

단어	뜻	발음기호	한글발음
complain	불평하다	kəmplein	컴플레인
mirror	거울, (v.) 반영하다	mirə(r)	미뤄
spade	삽	speid	스페이드
turn	돌다, 돌리다, (어떤 나이/시기가) 되다, (n.) 돌리기, 차례, 전환	tɜːrn	터언
unless	~하지 않으면(if ~ not)	ənles	언레쓰

Korea

prosper	번영하다, 번창하다	praːspə(r)	프라스퍼
spoil	망치다, 버려놓다, (n.) 약탈품	spɔil	스포일
courage	용기	kɜːridʒ	커리쥐
indicate	나타내다, 가리키다	indikeit	인디케잍
another	다른 하나(의)	ənʌðə(r)	어너더

단어	뜻	발음기호	한글발음
false	그릇된, 거짓의	fɔ:ls	뽀을스
hardly	거의 ~ 않다	ha:rdli	하아들리
absent	결석한, (v.) 결석하다	æbsənt	앱선트
loud	시끄러운, (adv.) 시끄럽게	laʊd	라우드
carrot	당근	kærət	캐럿

USA

단어	뜻	발음기호	한글발음
kingdom	왕국	kiŋdəm	킹덤
favorite	매우 좋아하는	feivərit	뻬이버륏
string	끈, 실, (v.) (실 등에) 꿰다(string-strung-strung)	striŋ	스트링
translate	~을 번역하다	trænsleit	트뤤슬레잍
win	이기다, (경기 등에서 이겨 무엇을) 얻다, (n.) 승리(win-won-won)	win	윈

Chunk set 78 ▸▸

단어	뜻	발음기호	한글발음
during	~ 동안	dʊriŋ	**듀링**
follow	뒤따르다	fɑːloʊ	**빠알로우**
art	미술, 예술, 기술	ɑːrt	**아트**
pillow	베개, (v.) (머리를) ~에 얹다	piloʊ	**피일로우**
skill	기술, 기량	skil	**스키을**

Korea

recover	회복하다, 되찾다	rikʌvə(r)	**뤼커버**
palm	손바닥, 야자과 나무, (v.) 손 안에 감추다	pɑːm	**파암**
stupid	어리석은, (n.) 바보	stuːpid	**스튜우피드**
pole	막대기, 극	poʊl	**포울**
base	기본, 토대, 야구의 홈, (v.) ~에 근거지를 두다	beis	**베이쓰**

단어	뜻	발음기호	한글발음
photographer	사진사	fəta:grəfə(r)	**뻐타**그러뻐
foundation	토대	faʊndeiʃn	**빠운데이**션
opportunity	기회	a:pərtu:nəti	아퍼**튜**너티
handkerchief	손수건, 화장지	hæŋkərtʃif	**행커취**쁘
effort	노력, 수고	efərt	에**쁘**트

USA

단어	뜻	발음기호	한글발음
poet	시인	poʊət	**포우**엍
unable	~할 수 없는	ʌneibʌl	**언에이**블
boil	끓이다, 삶다, (n.) 끓음	bɔil	**보**일
class	학급, 동기생, 수업, 계급, (v.) 분류하다	klæs	**클래**쓰
honest	정직한	a:nist	**아**니스트

단어	뜻	발음기호	한글발음
footprint	발자국	fʊtprint	뿔프륀트
lump	덩어리, 한조각, (v.) 함께 묶다	lʌmp	럼프
hen	암탉	hen	헨
practice	연습, 실행, 업무	præktis	프랙티스
modern	현대식의, 근대의	ma:dərn	마아던

Korea

none	아무도 ~ 않다	nʌn	넌
upper	위쪽의	ʌpə(r)	어퍼
sleeve	소매, 소맷자락	sli:v	슬리브
mix	혼합하다, 섞다, (n.) 혼합체	miks	믹스
flow	흐르다, (n.) 흐름	floʊ	쁠로우

단어	뜻	발음기호	한글발음
shell	(달걀/견과류 등의 딱딱한) 껍데기, (v.) 껍질을 까다	ʃel	쉘
quiet	조용한, (n.) 고요	kwaiət	**콰이얻**
important	중요한	impɔːrtnt	임**포**어튼트
arrive	도착하다	əraiv	어**롸**이브
early	일찍	ɜːrli	**얼**리

USA

dumb	우둔한, 벙어리의	dʌm	덤
way	길, 방법	wei	웨이
manage	경영하다, 관리하다	mænidʒ	**매**니쥐
dine	식사하다	dain	다인
apart	따로	əpɑːrt	어**파**트

Chunk set 80 ▸▸

단어	뜻	발음기호	한글발음
knee	무릎, (v.) 무릎으로 치다	niː	니이
while	~ 동안, ~에 반하여, (n.) 잠깐	wail	와일
warn	경고하다	wɔːrn	우온
discover	발견하다	diskʌvə(r)	디스**커**버
control	통제, (v.) 통제하다	kəntroʊl	컨트**로**울

Korea

단어	뜻	발음기호	한글발음
carve	조각하다	kaːrv	카아브
lie	거짓말, (v.) 거짓말하다(lie-lied-lied), 눕다(lie-lay-lain)	lai	라이
needle	바늘	niːdl	**니**이들
light	가벼운, 밝은, (n.) 빛	lait	라이트
yard	마당, 운동장	jaːrd	야아드

단어	뜻	발음기호	한글발음
eraser	지우개	ireisər	이뤠이저
confuse	혼란시키다	kənfju:z	컨쀼즈
survive	생존하다, 살아남다	sərvaiv	써바이브
sweet	달콤한, (n.) 단 것	swi:t	스위잍
emperor	황제	empərə(r)	엠퍼뤄

USA

단어	뜻	발음기호	한글발음
purchase	사다, 구입하다, (n.) 구매	pɜ:rtʃəs	퍼어춰스
steady	꾸준한, 변함없는	stedi	스테디
take	가지고 가다, 잡다, 얻다(take-took-taken)	teik	테잌
break	깨다, 고장나다, (n.) 휴식(break-broke-broken)	breik	브뤠잌
prince	왕자	prins	프린스

단어	뜻	발음기호	한글발음
achieve	성취하다, 얻다	ətʃiːv	어**취**브
principal	주요한, (n.) 교장	prinsəpəl	프**린**서펄
cotton	면, 목화	kaːtn	**카**아튼
factory	공장	fæktri	**뺵**트뤼
cancel	취소하다	kænsl	**캔**쓸

Korea

elbow	팔꿈치, (v.) (팔꿈치로) 밀치다	elboʊ	**엘**보우
understand	이해하다(understand-understood-understood)	ʌndərstænd	언더스**탠**드
pepper	후추, (v.) 후추를 치다	pepə(r)	**페**퍼
serious	진지한, 심각한	sɪriəs	**씨**리어스
mention	언급하다, 말하다	menʃn	**멘**션

단어	뜻	발음기호	한글발음
bathroom	욕실	bæθru:m	배쓰루움
desire	열망하다, (n.) 갈망	dizaiə(r)	디자이어
sort	종류, 분류, (v.) 분류하다, 해결하다	sɔ:rt	쏘오트
Monday	월요일	mʌndei	먼데이
Tuesday	화요일	tu:zdei	튜우즈데이

USA

Wednesday	수요일	wenzdei	웬즈데이
Thursday	목요일	θɜ:rzdei	써어즈데이
Friday	금요일	fraidei	쁘롸이데이
Saturday	토요일	sætərdei	쌔터데이
Sunday	일요일	sʌndei	썬데이

표모음

<영어발음 기호표> 국제음성학회(International Phonetic Association)

발음기호	소리	기호	발음기호	소리	기호
[a]	아	ㅏ	[b]	브	ㅂ
[e]	에	ㅔ	[d]	드	ㄷ
[i]	이	ㅣ	[j]	이	ㅣ
[o]	오	ㅗ	[l]	러	ㄹ
[u]	우	ㅜ	[m]	므	ㅁ
[w]	우	ㅜ	[n]	느	ㄴ
[ʌ]	어	ㅓ	[r]	르	ㄹ
[ɔ]	오	ㅗ	[v]	브	ㅂ
[ɛ]	에	ㅔ	[z]	즈	ㅈ
[æ]	애	ㅐ	[ʒ]	쥐	ㅈ
[ɑ:]	아-		[dʒ]	쥐	주
[ə:]	어-		[dʒa]	주ㅏ	
[i:]	이-		[ʒ]	지	ㅈ
[u:]	우-		[tz]	쯔	ㅉ
[ɔ:]	오-		[ð]	뜨	ㄸ
[ai]	아이		[h]	흐	ㅎ
[ei]	에이		[g]	그	ㄱ
[ɔi]	오이		[ŋ]	응	ㅇ
[au]	아우		[f]	프	ㅍ
[ou]	오우		[k]	크	ㅋ
[iə]	이어		[p]	퍼	ㅍ
[uə]	우어		[s]	스	ㅅ
[ɛə]	에어		[t]	트	ㅌ
[eə]	에어		[ʃ]	쉬	수
[wa]	와		[tʃ]	취	추
[wɔ]	워		[tʃa]	추ㅏ	
[ju]	유		[θ]	쓰	ㅆ

<숫자표> (위: 기수, 아래: 서수)

1 1st	one first	**11** 11th	eleven eleventh	**21** 21st	twenty one twenty first		
2 2nd	two second	**12** 12th	twelve twelfth	**22** 22nd	twenty two twenty second		
3 3rd	three third	**13** 13th	thirteen thirteenth	**23** 23rd	twenty three twenty third		
4 4th	four fourth	**14** 14th	fourteen fourteenth	**24** 24th	twenty four twenty fourth		
5 5th	five fifth	**15** 15th	fifteen fifteenth	**25** 25th	twenty five twenty fifth		
6 6th	six sixth	**16** 16th	sixteen sixteenth	**26** 26th	twenty six twenty sixth		
7 7th	seven seventh	**17** 17th	seventeen seventeenth	**27** 27th	twenty seven twenty seventh		
8 8th	eight eighth	**18** 18th	eighteen eighteenth	**28** 28th	twenty eight twenty eighth		
9 9th	nine ninth	**19** 19th	nineteen nineteenth	**29** 29th	twenty nine twenty ninth		
10 10th	ten tenth	**20** 20th	twenty twentieth	**30** 30th	thirty thirtieth		

40 40th	forty fortieth	
50 50th	fifty fiftieth	**777** seven hundred (and) seventy seven
60 60th	sixty sixtieth	**7,777** seven thousand seven hundred (and) seventy seven
70 70th	seventy seventieth	**777,777** seven hundred (and) seventy seven thousand seven hundred (and) seventy seven
80 80th	eighty eightieth	
90 90th	ninety ninetieth	

100 100th	one hundred one hundredth	**hundred**	백
1,000 1,000th	one thousand one thousandth	**thousand** 10^3	천
		million 10^6	백만
1,000,000 1,000,000th	one million one millionth	**billion** 10^9	십억
		trillion 10^{12}	일조
		quadrillion 10^{15}	천조
1,000,000,000 1,000,000,000th	one billion one billionth	**quintillion** 10^{18}	백경
		sextillion 10^{21}	십해
		septillion 20^{24}	일자

<주요국가 화폐 단위 및 통화코드> 가나다순

	국가명 공식 국가명	화폐단위 통화코드		국가명 공식 국가명	화폐단위 통화코드
1	남아프리카 공화국 Republic of South Africa	Rand ZAR	2	노르웨이 the Kingdom of Norway	Krone NOK
3	뉴질랜드 New Zealand	Dollar NZD	4	대만 Taiwan	Dollar TWD
5	덴마크 the Kingdom of Denmark	Krone DKK	6	러시아 Russia	Ruble RUB
7	말레이시아 the Federation of Malaysia	Ringgit MYR	8	멕시코 United Mexican States	Peso MXN
9	미국 the United States (of America)	Dollar USD	10	바레인 the State of Bahrain	Dinar BHD
11	방글라데시 the People's Republic of Bangladesh	Taka BDT	12	베트남 the Socialist Republic of Vietnam	Dong VND
13	브라질 the Federative Republic of Brazil	Real BRL	14	브루나이 Brunei	Dollar BND
15	사우디아라비아 the Kingdom of Saudi Arabia	Riyal SAR	16	스위스 the Swiss Confederation	Franc CHF
17	싱가포르 the Republic of Singapore	Dollar SGD	18	아랍에미리트 United Arab Emirates	Dirham AED
19	영국 the United Kingdom	Pound GBP	20	유럽연합 European Union	Euro EUR
21	이집트 the Arab Republic of Egypt	Pound EGP	22	인도 India	Rupee INR
23	인도네시아 the Republic of Indonesia	Rupiah IDR	24	일본 Japan	Yen JPY
25	중국 the people's Republic of China	Yuan CNY	26	캐나다 Canada	Dollar CAD
27	쿠웨이트 the State of Kuwait	Dinar KWD	28	태국 the Kingdom of Thailand	Baht THB
29	터키 the Turkish Republic	Lira TRY	30	파키스탄 the Islamic Republic of Pakistan	Rupee PKR
31	필리핀 the Republic of the Philippines	Peso PHP	32	헝가리 Hungary	Forint HUF
33	호주 Australia	Dollar AUD	34	홍콩 Hong Kong Sar	Dollar HKD

Part

04

불규칙 동사표

<시험에 자주 출제되는 불규칙 동사 정리>

동사원형	과거형	과거분사형	동사원형	과거형	과거분사형
arise 일어나다	arose	arisen	**awake** 깨우다	awoke	awoken
am, is / are ~이다, 있다	was / were	been	**beat** 치다	beat	beaten
become 되다	became	become	**begin** 시작하다	began	begun
bend 구부리다	bent	bent	**bet** 내기하다	bet	bet
bite 물다	bit	bitten	**bleed** 피를 흘리다	bled	bled
blow 불다	blew	blown	**break** 깨다	broke	broken
bring 가져오다	brought	brought	**build** 건설하다	built	built
burn 타다	burnt	burnt	**burst** 터지다	burst	burst
buy 사다	bought	bought	**cast** 던지다	cast	cast
catch 잡다	caught	caught	**choose** 선택하다	chose	chosen
cling 달라붙다	clung	clung	**come** 오다	came	come
cost 비용이 들다	cost	cost	**creep** 기다	crept	crept
cut 자르다	cut	cut	**deal** 다루다	dealt	dealt
dig 파다	dug	dug	**dive** 잠수하다	dove	dived
do 하다	did	done	**draw** 그리다	drew	drawn
drink 마시다	drank	drunk	**drive** 운전하다	drove	driven
eat 먹다	ate	eaten	**fall** 떨어지다	fell	fallen
feed 먹이다	fed	fed	**feel** 느끼다	felt	felt
fight 싸우다	fought	fought	**find** 발견하다	found	found
fit 꼭 맞다	fit	fit	**flee** 도망가다	fled	fled
fly 날다	flew	flown	**forbid** 금하다	forbade	forbidden
forget 잊다	forgot	forgot/ forgotten	**forgive** 용서하다	forgave	forgiven
freeze 얼다	froze	frozen	**get** 얻다	got	got / gotten
give 주다	gave	given	**go** 가다	went	gone
grind 갈다	ground	ground	**grow** 자라다	grew	grown
hang 걸다	hung	hung	**have** 가지다	had	had
hear 듣다	heard	heard	**hide** 숨기다	hid	hidden
hit 치다	hit	hit	**hold** 잡다	held	held
hurt 다치게 하다	hurt	hurt	**keep** 유지하다	kept	kept
kneel 무릎 꿇다	knelt	knelt	**know** 알다	knew	known

lay 놓다	laid	laid	**lead** 이끌다	led	led
leap 뛰다	leapt	leapt	**leave** 떠나다	left	left
lend 빌려주다	lent	lent	**let** 시키다	let	let
lie 눕다	lay	lain	**light** 비추다	lit	lit
lose 지다	lost	lost	**make** 만들다	made	made
mean 의미하다	meant	meant	**meet** 만나다	met	met
pay 지불하다	paid	paid	**prove** 증명하다	proved	proven
put 놓다	put	put	**quit** 그만두다	quit	quit
read 읽다	read	read	**ride** 타다	rode	ridden
ring 울리다	rang	rung	**rise** 일어나다	rose	risen
run 달리다	ran	run	**say** 말하다	said	said
see 보다	saw	seen	**seek** 찾다	sought	sought
sell 팔다	sold	sold	**send** 보내다	sent	sent
set 정하다, 배치하다	set	set	**sew** 꿰매다	sewed	sewn
shake 흔들다	shook	shaken	**shave** 면도하다	shaved	shaven
shine 빛나다	shone	shone	**shoot** 쏘다	shot	shot
show 보여주다	showed	shown	**shrink** 움츠러들다	shrank / shrunk	shrunk / shrunken
shut 닫다	shut	shut	**sing** 노래하다	sang	sung
sink 가라앉다	sank	sunk	**sit** 앉다	sat	sat
sleep 자다	slept	slept	**slide** 미끄러지다	slid	slid
speak 말하다	spoke	spoken	**speed** 속력을 내다	sped	sped
spell 철자를 쓰다	spelt	spelt	**spend** 쓰다, 소비하다	spent	spent
spill 엎지르다	spilt	spilt	**spin** 돌리다	spun	spun
spit 침을 뱉다	spit / spat	spit / spat	**split** 쪼개다	split	split
spread 펴다, 퍼지다	spread	spread	**spring** 튀어 오르다	sprang	sprung
stand 서다, 서있다	stood	stood	**steal** 훔치다	stole	stolen
stick 달라붙다	stuck	stuck	**sting** 찌르다	stung	stung
strike 치다	struck	stuck	**swear** 맹세하다	swore	sworn
sweep 쓸다, 청소하다	swept	swept	**swim** 수영하다	swam	swum
swing 휘두르다	swung	swung	**take** 취하다	took	taken

동사원형	과거형	과거분사형	동사원형	과거형	과거분사형
teach 가르치다	taught	taught	**tear** 찢다	tore	torn
tell 말하다	told	told	**think** 생각하다	thought	thought
throw 던지다	threw	thrown	**upset** 뒤엎다	upset	upset
wake 잠에서 깨다	woke	woken	**wear** 입다	wore	worn
weave 엮다	wove	woven	**weep** 울다	wept	wept
win 이기다	won	won	**wind** 감다	wound	wound
write 쓰다	wrote	written